CLASSIQUES & CIE
LYCÉE

PAUL VERLAINE

Poèmes saturniens
Fêtes galantes
Romances sans paroles

suivi d'une **anthologie sur la poésie symboliste**

Collection dirigée par **Johan Faerber**

Édition annotée et dossier par **Michel Vincent**
Professeur des Universités

Hatier

Bahoffe Maxence. 1S1

Poèmes saturniens

Fêtes galantes • Romances sans paroles

3 QUESTIONS *pour vous GUIDER*

Une rubrique, au fil du texte, pour vous aider à interpréter les passages clés et à acquérir des outils d'analyse.

 - ISBN 978-2-218-99144-8

Conception graphique de la maquette : c-album, Jean-Baptiste Tasine et Rachel Pfleger ; Studio Favre & Lhaïk ; dossier : Lauriane Tiberghien • Mise en pages : Chesteroc Ltd • Suivi éditorial : Brigitte Brisse.

L'anthologie sur
la poésie symboliste

Le dossier

REPÈRES CLÉS

POUR SITUER L'ŒUVRE

FICHES DE LECTURE

POUR APPROFONDIR SA LECTURE

THÈME ET DOCUMENTS

POUR COMPARER

Thème > **Poétique de l'automne**

OBJECTIF BAC

POUR S'ENTRAÎNER

> Sujets d'écrit

> Sujets d'oral

> Lectures de l'image

LISTE ET INDEX DES POÈMES

Liste des poèmes

Poèmes saturniens

Fêtes galantes

Romances sans paroles

Poèmes saturniens

Les Sages d'autrefois, qui valaient bien ceux-ci,
Crurent, et c'est un point encor mal éclairci,
Lire au ciel les bonheurs ainsi que les désastres,
Et que chaque âme était liée à l'un des astres.
(On a beaucoup raillé, sans penser que souvent
Le rire est ridicule autant que décevant,
Cette explication du mystère nocturne.)
Or ceux-là qui sont nés sous le signe SATURNE[1],
Fauve[2] *planète, chère aux nécromanciens*[3]
Ont entre tous, d'après les grimoires anciens,
Bonne part de malheurs et bonne part de bile[4].
L'Imagination, inquiète et débile[5],
Vient rendre nul en eux l'effort de la Raison.
Dans leurs veines le sang, subtil comme un poison,
Brûlant comme une lave, et rare, coule et roule
En grésillant leur triste Idéal qui s'écroule.
Tels les Saturniens[6] *doivent souffrir et tels*
Mourir, – en admettant que nous soyons mortels, –
Leur plan de vie étant dessiné ligne à ligne
Par la logique d'une Influence maligne[7].

P. V.

---

1. Saturne : planète considérée comme maléfique en astrologie.

2. Fauve : d'un jaune tirant sur le roux.

3. Nécromanciens : adeptes des sciences occultes invoquant les morts pour obtenir d'eux des révélations.

4. Bile : dans la médecine antique, la mélancolie était attribuée à un excès de sécrétion noire.

5. Débile : faible, sans force (latinisme).

6. Les Saturniens : les mélancoliques, les êtres au tempérament sombre qui se recommandent de Saturne.

7. Maligne : qui fait du mal à autrui.

Pour un meilleur repérage, les ∘∘∘ indiquent que le poème se poursuit à la page suivante.

Prologue

Dans ces temps fabuleux, les limbes de l'histoire[1],
Où les fils de Raghû[2], beaux de fard[3] et de gloire,
Vers la Ganga[4] régnaient leur règne étincelant,
Et, par l'intensité de leur vertu troublant
Les Dieux et les Démons et Bhagavat[5] lui-même,
Augustes[6], s'élevaient jusqu'au Néant suprême.
Ah ! la terre et la mer et le ciel, purs encor
Et jeunes, qu'arrosait une lumière d'or
Frémissante, entendaient, apaisant leurs murmures
De tonnerres, de flots heurtés, de moissons mûres,
Et retenant le vol obstiné des essaims,
Les Poètes sacrés chanter les Guerriers saints,
Ce pendant que le ciel et la mer et la terre
Voyaient, – rouges et las de leur travail austère, –
S'incliner, pénitents fauves et timorés,
Les Guerriers saints devant les Poètes sacrés !
Une connexité[7] grandiosement alme[8]
Liait le Kchatrya[9] serein au Chanteur calme,

ooo

1. Limbes de l'histoire : en des temps lointains et obscurs.

2. Les fils de Raghû : rois légendaires des épopées indiennes.

3. De fard : grâce à leur maquillage.

4. La Ganga : le Gange, fleuve sacré de l'Inde.

5. Bhagavat : un des titres honorifiques de Boudha. Bhagavat est aussi le titre d'un poème de Leconte de Lisle (*Poèmes antiques*, 1852), que Verlaine ici pastiche.

6. Augustes : vénérables.

7. Connexité : une relation étroite.

8. Alme : bienfaisante (du latin *almus* : nourricier).

9. Kchatrya : guerrier légendaire des épopées indiennes.

Valmiki l'excellent à l'excellent Rama[1]:
Telles sur un étang deux touffes de padma[2].

– Et sous tes cieux dorés et clairs, Hellas antique[3],
De Sparte[4] la sévère à la rieuse Attique[5],
Les Aèdes, Orpheus, Alkaïos[6], étaient
Encore des héros altiers[7], et combattaient.
Homéros, s'il n'a pas, lui, manié le glaive,
Fait retentir, clameur immense qui s'élève,
Vos échos jamais las, vastes postérités,
D'Hektôr, et d'Odysseus, et d'Akhilleus[8] chantés.
Les héros à leur tour, après les luttes vastes,
Pieux, sacrifiaient aux neuf Déesses chastes[9],
Et non moins que de l'art d'Arès[10] furent épris
De l'Art dont une Palme immortelle est le prix,
Akhilleus entre tous ! Et le Laërtiade[11]
Dompta, parole d'or qui charme et persuade,
Les esprits et les cœurs et les âmes toujours,
Ainsi qu'Orpheus domptait les tigres et les ours.

1. **Valmiki, Rama** : poète légendaire indien, Valmiki est selon la tradition l'auteur du *Ramayana,* épopée relant les aventures du prince Rama parti à la recherche de la princesse Sita. Le *Ramayana* était traduit en français depuis 1854.

2. **Padma** : lotus rose en Inde.

3. **Hellas antique** : la Grèce antique.

4. **Sparte** : ville-royaume de la Grèce antique, dans le Péloponnèse, de tradition rigoureuse et militaire.

5. **Attique** : la région d'Athènes.

6. **Aèdes, Orpheus, Alkaïos** : les aèdes sont des poètes qui chantent des épopées en s'accompagnant d'un instrument de musique. Homère, Orphée et Alkaïos en sont les plus illustres représentants.

7. **Altiers** : fiers.

8. **Hektôr, Odysseus, Akhilleus** : noms grecs d'Hector, Ulysse et Achille, héros de *L'Illiade* et *L'Odyssée* d'Homère.

9. **Neuf Déesses chastes** : muses qui présidaient aux arts.

10. **Arès** : dieu de la guerre dans la mythologie grecque.

11. **Laërtiade** : Ulysse, fils de Laërte, dans *L'Odyssée* d'Homère.

– Plus tard, vers des climats plus rudes, en des ères
Barbares, chez les Francs[1] tumultueux, nos pères,
Est-ce que le Trouvère[2] héroïque n'eut pas
Comme le Preux sa part auguste des combats ?
Est-ce que, Théroldus[3] ayant dit Charlemagne,
Et son neveu Roland[3] resté dans la montagne,
Et le bon Olivier et Turpin[3] au grand cœur,
En beaux couplets et sur un rythme âpre et vainqueur,
Est-ce que, cinquante ans après, dans les batailles,
Les durs Leudes[4] perdant leur sang par vingt entailles,
Ne chantaient pas le chant de geste[5] sans rivaux
De Roland et de ceux qui virent Roncevaux
Et furent de l'énorme et superbe tuerie,
Du temps de l'Empereur à la barbe fleurie[6] ?

– Aujourd'hui, l'Action et le Rêve ont brisé
Le pacte primitif par les siècles usé,
Et plusieurs ont trouvé funeste ce divorce
De l'Harmonie immense et bleue et de la Force.
La Force, qu'autrefois le Poète tenait
En bride, blanc cheval ailé qui rayonnait,
La Force, maintenant, la Force, c'est la Bête
Féroce bondissante et folle et toujours prête

ooo

1. Francs : tribus germaniques qui, à partir du IIIe siècle de notre ère, traversèrent le Rhin, envahirent la Gaule et y fondèrent une monarchie à la fin du Ve siècle.

2. Trouvère : poète du Moyen Âge, s'exprimant en langue d'oil (dans la France du Nord).

3. Théroldus, Roland, Olivier, Turpin : Théroldus ou Turold est l'auteur supposé de *La Chanson de Roland*, poème épique écrit vers la fin du XIe siècle. Cette chanson de geste médiévale met en scène Charlemagne, roi de France, Roland et son compagnon Olivier, et Turpin, archevêque et pair de France qui meurt à la bataille de Roncevaux.

4. Leudes : grands aristocrates de l'époque mérovingième.

5. Chant de geste : chant célébrant les exploits (les « gesta » en latin).

6. L'Empereur à la barbe fleurie : Charlemagne

À tout carnage, à tout dévastement, à tout
Égorgement, d'un bout du monde à l'autre bout !
L'Action qu'autrefois réglait le chant des lyres,
Trouble, enivrée, en proie aux cent mille délires
Fuligineux[1] d'un siècle en ébullition,
L'Action à présent, – ô pitié ! – l'Action,
C'est l'ouragan, c'est la tempête, c'est la houle
Marine dans la nuit de sans étoiles, qui roule
Et déroule parmi les bruits sourds l'effroi vert
Et rouge des éclairs sur le ciel entr'ouvert !

– Cependant, orgueilleux et doux, loin des vacarmes
De la vie et du choc désordonné des armes
Mercenaires, voyez, gravissant les hauteurs
Ineffables[2], voici le groupe des Chanteurs
Vêtus de blanc, et des lueurs d'apothéoses[3]
Empourprent la fierté sereine de leurs poses :
Tous beaux, tous purs, avec des rayons dans les yeux,
Et sous leur front le rêve inachevé des Dieux !
Le monde, que troublait leur parole profonde,
Les exile. À leur tour ils exilent le monde !
C'est qu'ils ont à la fin compris qu'il ne faut plus
Mêler leur note pure aux cris irrésolus
Que va poussant la foule obscène et violente,
Et que l'isolement sied à leur marche lente.
Le Poète, l'amour du Beau, voilà sa foi,
L'Azur, son étendard, et l'Idéal, sa loi !
Ne lui demandez rien de plus, car ses prunelles,
Où le rayonnement des choses éternelles
A mis des visions qu'il suit avidement,

1. **Fuligineux** : noirs comme de la suie.
2. **Ineffables** : indicibles, inexprimables.
3. **Apothéoses** : « déifications » en latin. Verlaine sanctifie ainsi les poètes

Ne sauraient s'abaisser une heure seulement
Sur le honteux conflit des besognes vulgaires
Et sur vos vanités plates ; et si naguères
On le vit au milieu des hommes, épousant
Leurs querelles, pleurant avec eux, les poussant
Aux guerres, célébrant l'orgueil des Républiques
Et l'éclat militaire et les splendeurs auliques[1]
Sur la kithare[2], sur la harpe et sur le luth,
S'il honorait parfois le présent d'un salut
Et daignait consentir à ce rôle de prêtre
D'aimer et de bénir, et s'il voulait bien être
La voix qui rit ou pleure alors qu'on pleure ou rit,
S'il inclinait vers l'âme humaine son esprit,
C'est qu'il se méprenait alors sur l'âme humaine.

– Maintenant, va, mon Livre, où le hasard te mène !

---

1. Auliques : qui ont rapport à la cour, à l'entourage d'un souverain et, plus spécifiquement à la cour germanique.

2. *Kithare* : instrument de musique qui accompagne l'aède dans l'Antiquité grecque.

Le Prologue

Un art poétique

1

Quelle est la fonction du Prologue ?

• Ce prologue a **valeur d'art poétique**. Verlaine y expose ses **conceptions** de la poésie et y **analyse sa place** en tant que poète dans la société de son époque.

• Poétiquement, c'est une **profession de foi parnassienne**, dont les éléments clés sont les suivants : quête exclusive de la beauté, travail sans fin de la forme, impassibilité de rigueur.

• Socialement, le poète se sait **marginal**.

Il fait de sa déchéance sociale un atout : son **isolement** le protège de la barbarie ambiante et lui permet de mieux se consacrer à son **sacerdoce poétique**.

2

Quelle est la signification des exemples historiques que comporte le Prologue ?

• Le Prologue évoque tour à tour les **épopées indiennes** (mises à la mode par les Parnassiens), les **épopées grecques** (Homère), **françaises** (avec *La Chanson de Roland*).

• Cette évocation des « temps fabuleux » possède une double fonction : **rappeler l'âge d'or de la Poésie** ; montrer par ce rappel la **décadence progressive** des Temps Modernes. Le Poète se réfugie dans ces temps anciens.

3

Le recueil tient-il les promesses du recueil ?

• Certains poèmes tels que « *Nevermore* » (p. 20) ou « Après trois ans » (p. 21) ne se situent pas dans le droit fil de l'esthétique parnassienne. La section *Melancholia* rompt avec l'impassibilité dont le Prologue se fait le chantre.

• L'évocation des « temps fabuleux » n'empêche pas les **allusions**, même codées, **à l'actualité** : derrière « César Borgia. Portrait en pied » (p. 70) se profile la silhouette haïe de Napoléon III.

• La **satire sociale** est enfin présente dans des poèmes comme « Monsieur Prudhomme » (p. 49) et dans la complainte de « Sub Urbe » (p. 53).

DÉFINITION CLÉ

Le Prologue

• Appartenant dans l'Antiquité au vocabulaire théâtral où il désignait la partie du spectacle précédant la pièce proprement dite, le prologue est de nos jours un texte introductif, une **préface**.

• Son antonyme (son contraire) est l'épilogue.

Melancholia

À Ernest Boutier[1].

I
Résignation

Tout enfant, j'allais rêvant Ko-Hinnor[2],
Somptuosité persane et papale,
Héliogabale[3] et Sardanapale[4] !

Mon désir créait sous des toits en or,
Parmi les parfums, au son des musiques,
Des harems sans fin, paradis physiques !

Aujourd'hui, plus calme et non moins ardent,
Mais sachant la vie et qu'il faut qu'on plie,
J'ai dû refréner ma belle folie,
Sans me résigner par trop cependant.

Soit ! le grandiose échappe à ma dent,
Mais, fi[5] de l'aimable et fi de la lie !
Et je hais toujours la femme jolie,
La rime assonante[6] et l'ami prudent.

---

1. Ernest Boutier : violoniste, amateur de poésie et ami de Verlaine.

2. Ko-Hinnor : célèbre et prestigieux diamant de 800 carats, que la Compagnie des Indes avait offert en 1859 à la reine Victoria et qui demeure l'un des joyaux de la couronne d'Angleterre.

3. Héliogabale : empereur romain, assassiné en 222, resté l'image du luxe et de la débauche.

4. Sardanapale : souverain assyrien, symbole de la magnificence orientale et d'une vie voluptueuse.

5. Fi : interjection de dédain et de mépris

6. Rime assonante : la rime est dite assonante quand elle consiste en la seule répétition du même son.

II

Nevermore[1]

Souvenir, souvenir, que me veux-tu ? L'automne
Faisait voler la grive[2] à travers l'air atone[3],
Et le soleil dardait un rayon monotone
Sur le bois jaunissant où la brise détone.

Nous étions seul à seule et marchions en rêvant,
Elle et moi, les cheveux et la pensée au vent.
Soudain, tournant vers moi son regard émouvant :
« Quel fut ton plus beau jour ? » fit sa voix d'or vivant,

Sa voix douce et sonore, au frais timbre angélique.
Un sourire discret lui donna la réplique,
Et je baisai sa main blanche, dévotement.

– Ah ! les premières fleurs, qu'elles sont parfumées !
Et qu'il bruit[4] avec un murmure charmant
Le premier *oui* qui sort de lèvres bien-aimées !

---

1. *Nevermore* : jamais plus, en anglais.

2. Grive : oiseau.

3. Atone : sans tonicité.

4. Il bruit : il se fait entendre (du verbe bruire).

III

Après trois ans

Ayant poussé la porte étroite qui chancelle,
Je me suis promené dans le petit jardin
Qu'éclairait doucement le soleil du matin,
Pailletant chaque fleur d'une humide étincelle.

Rien n'a changé. J'ai tout revu : l'humble tonnelle[1]
De vigne folle avec les chaises de rotin[2]...
Le jet d'eau fait toujours son murmure argentin
Et le vieux tremble[3] sa plainte sempiternelle.

Les roses comme avant palpitent ; comme avant,
Les grands lys orgueilleux se balancent au vent.
Chaque alouette qui va et vient m'est connue.

Même j'ai retrouvé debout la Velléda[4]
Dont le plâtre s'écaille au bout de l'avenue,
– Grêle, parmi l'odeur fade du réséda[5].

1. **Tonnelle** : petite construction arrondie couverte de vignes ou de feuillages et sous laquelle s'abriter.

2. **Rotin** : tige d'un palmier des Indes, le rotang, servant à faire des sièges et des meubles.

3. **Tremble** : peuplier dont les feuilles s'agitent au moindre vent.

4. **Velléda** : statue représentant une héroïne germanique du même nom. Dans le jardin du Luxembourg, sa statue était le lieu de rendez-vous des amoureux.

5. **Réséda** : plante très odorante.

IV

Vœu

Ah ! les oaristys[1] ! les premières maîtresses !
L'or des cheveux, l'azur des yeux, la fleur des chairs,
Et puis, parmi l'odeur des corps jeunes et chers,
La spontanéité craintive des caresses !

Sont-elles assez loin toutes ces allégresses
Et toutes ces candeurs ! Hélas ! toutes devers[2]
Le printemps des regrets ont fui les noirs hivers
De mes ennuis, de mes dégoûts, de mes détresses !

Si que[3] me voilà seul à présent, morne et seul,
Morne et désespéré, plus glacé qu'un aïeul[4],
Et tel qu'un orphelin pauvre sans sœur aînée.

Ô la femme à l'amour câlin et réchauffant,
Douce, pensive et brune, et jamais étonnée,
Et qui parfois vous baise au front, comme un enfant !

1. Oaristys : idylles amoureuses (d'après un mot grec signifiant conversation familière, tendre).

2. Devers : du côté de (du printemps).

3. Si que : si bien que.

4. Aïeul : ancêtre.

V
Lassitude

A batallas de amor campo de pluma[1].
(Gongora.[2])

De la douceur, de la douceur, de la douceur!
Calme un peu ces transports fébriles, ma charmante.
Même au fort du déduit[3] parfois, vois-tu, l'amante
Doit avoir l'abandon paisible de la sœur.

Sois langoureuse, fais ta caresse endormante,
Bien égaux tes soupirs et ton regard berceur.
Va, l'étreinte jalouse et le spasme obsesseur[4]
Ne valent pas un long baiser, même qui mente!

Mais dans ton cher cœur d'or, me dis-tu, mon enfant,
La fauve passion va sonnant l'olifant[5]!...
Laisse-la trompeter à son aise, la gueuse[6]!

Mets ton front sur mon front et ta main dans ma main,
Et fais-moi des serments que tu rompras demain,
Et pleurons jusqu'au jour, ô petite fougueuse!

---

1. ***A batallas de amor campo de pluma*** : « À batailles d'amour, un champ de plume » (vers espagnol).

2. Gongora : poète espagnol baroque (1561-1627).

3. Déduit : plaisir sexuel.

4. Obsesseur : obsédant.

5. Olifant : cor en ivoire, taillé dans une défense d'éléphant.

6. Gueuse : personne vile, méprisable.

VI
Mon rêve familier

Je fais souvent ce rêve étrange et pénétrant
D'une femme inconnue, et que j'aime, et qui m'aime
Et qui n'est, chaque fois, ni tout à fait la même
Ni tout à fait une autre, et m'aime et me comprend.

Car elle me comprend, et mon cœur, transparent
Pour elle seule, hélas ! cesse d'être un problème
Pour elle seule, et les moiteurs de mon front blême,
Elle seule les sait rafraîchir, en pleurant.

Est-elle brune, blonde ou rousse ? – Je l'ignore.
Son nom ? Je me souviens qu'il est doux et sonore
Comme ceux des aimés que la Vie exila.

Son regard est pareil au regard des statues,
Et, pour sa voix, lointaine, et calme, et grave, elle a
L'inflexion des voix chères qui se sont tues.

VII
À une femme

À vous ces vers de par la grâce consolante
De vos grands yeux où rit et pleure un rêve doux,
De par votre âme pure et toute bonne, à vous
Ces vers du fond de ma détresse violente.

C'est qu'hélas ! le hideux cauchemar qui me hante
N'a pas de trêve et va furieux, fou, jaloux,
Se multipliant comme un cortège de loups
Et se pendant après mon sort qu'il ensanglante !

Oh ! je souffre, je souffre affreusement, si bien
Que le gémissement premier du premier homme
Chassé d'Éden[1] n'est qu'une églogue[2] au prix du mien !

Et les soucis que vous pouvez avoir sont comme
Des hirondelles sur un ciel d'après-midi,
– Chère, – par un beau jour de septembre attiédi.

---

1. Éden : nom du Paradis terrestre dans la Genèse. Selon la Bible, le premier homme ainsi chassé fut Adam.

2. Églogue : petit poème pastoral, chantant les joies de la vie champêtre.

VIII

L'Angoisse

Nature, rien de toi ne m'émeut, ni les champs
Nourriciers, ni l'écho vermeil des pastorales[1]
Siciliennes, ni les pompes aurorales,
Ni la solennité dolente[2] des couchants.

Je ris de l'Art, je ris de l'Homme aussi, des chants,
Des vers, des temples grecs et des tours en spirales
Qu'étirent dans le ciel vide les cathédrales,
Et je vois du même œil les bons et les méchants.

Je ne crois pas en Dieu, j'abjure[3] et je renie
Toute pensée, et quant à la vieille ironie,
L'Amour, je voudrais bien qu'on ne m'en parlât plus.

Lasse de vivre, ayant peur de mourir, pareille
Au brick[4] perdu jouet du flux et du reflux,
Mon âme pour d'affreux naufrages appareille.

---

1. Pastorales : œuvres littéraires (roman, pièce de théâtre ou poésie) relatant les amours de bergers et de bergères dans un cadre à la fois idyllique et conventionnel.

2. Dolente : souffrante.

3. J'abjure : je renie solennellement.

4. Brick : voilier à deux mâts.

EAUX-FORTES[1]

À François Coppée[2].

I
Croquis parisien

La lune plaquait ses teintes de zinc
Par angles obtus[3].
Des bouts de fumée en forme de cinq
Sortaient drus[4] et noirs des hauts toits pointus.

Le ciel était gris. La bise pleurait
Ainsi qu'un basson.
Au loin, un matou frileux et discret
Miaulait d'étrange et grêle façon.

Moi, j'allais, rêvant du divin Platon[5]
Et de Phidias,
Et de Salamine et de Marathon[6],
Sous l'œil clignotant des bleus becs de gaz.

---

1. Eaux-fortes : gravures en creux sur métal.

2. François Coppée : poète sentimental (1842-1908) et ami de Verlaine.

3. Angles obtus : angles de plus de quatre-vingt-dix degrés.

4. Drus : nombreux et serrés.

5. Platon : célèbre philosophe grec (Ve siècle avant notre ère), disciple de Socrate.

6. Salamine et Marathon : nom de deux batailles, la première navale, la seconde terrestre, remportées par les Grecs sur les Perses au Ve siècle.

II

Cauchemar

J'ai vu passer dans mon rêve
– Tel l'ouragan sur la grève[1], –
D'une main tenant un glaive
Et de l'autre un sablier,
Ce cavalier

Des ballades[2] d'Allemagne
Qu'à travers ville et campagne,
Et du fleuve à la montagne,
Et des forêts au vallon,
Un étalon[3]

Rouge-flamme et noir d'ébène,
Sans bride, ni mors, ni rêne,
Ni hop ! ni cravache, entraîne
Parmi des râlements sourds
Toujours ! Toujours !

Un grand feutre[4] à longue plume
Ombrait son œil qui s'allume
Et s'éteint. Tel, dans la brume,
Éclate et meurt l'éclair bleu
D'une arme à feu.

1. Grève : rivage.

2. Ballades : poèmes à sujet souvent légendaire, que les poètes allemands (dont Schiller ou Bürger) ont composés.

3. Étalon : cheval destiné à la reproduction.

4. Feutre : chapeau de laine.

Comme l'aile d'une orfraie[1]
Qu'un subit orage effraie,
Par l'air que la neige raie,
Son manteau se soulevant
Claquait au vent,

Et montrait d'un air de gloire
Un torse d'ombre et d'ivoire,
Tandis que dans la nuit noire
Luisaient en des cris stridents
Trente-deux dents.

1. **Orfraie** : oiseau de proie, poussant des cris perçants.

III

Marine

L'océan sonore
Palpite sous l'œil
De la lune en deuil
Et palpite encore,

Tandis qu'un éclair
Brutal et sinistre
Fend le ciel de bistre[1]
D'un long zigzag clair,

Et que chaque lame
En bonds convulsifs
Le long des récifs
Va, vient, luit et clame,

Et qu'au firmament,
Où l'ouragan erre,
Rugit le tonnerre
Formidablement.

1. **Bistre** : couleur d'un brun noirâtre.

IV
Effet de nuit

La nuit. La pluie. Un ciel blafard[1] que déchiquette
De flèches et de tours à jour la silhouette
D'une ville gothique éteinte[2] au lointain gris.
La plaine. Un gibet[3] plein de pendus rabougris
Secoués par le bec avide des corneilles
Et dansant dans l'air noir des gigues[4] nonpareilles,
Tandis que leurs pieds sont la pâture des loups.
Quelques buissons d'épine épars, et quelques houx
Dressant l'horreur de leur feuillage à droite, à gauche,
Sur le fuligineux[5] fouillis d'un fond d'ébauche[6].
Et puis, autour de trois livides prisonniers
Qui vont pieds nus, un gros de hauts pertuisaniers[7]
En marche, et leurs fers droits, comme des fers de herse[8],
Luisent à contre-sens des lances de l'averse.

---

1. Blafard : blême.
2. Éteinte : estompée, peu visible.
3. Gibet : potence.
4. Gigues : danses rapides, d'origine anglaise ou irlandaise.
5. Fuligineux : noir comme de la suie.
6. Fond d'ébauche : arrière-plan d'une estampe.
7. Pertuisaniers : soldats armés d'une pertuisane, sorte de pique cloutée.
8. Fers de herse : pointes de fer qui hérissaient les grilles (les herses) défendant l'entrée des châteaux-forts.

V

Grotesques[1]

Leurs jambes pour toutes montures,
Pour tous biens l'or de leurs regards,
Par le chemin des aventures
Ils vont haillonneux et hagards.

Le sage, indigné, les harangue ;
Le sot plaint ces fous hasardeux ;
Les enfants leur tirent la langue
Et les filles se moquent d'eux.

C'est qu'odieux et ridicules,
Et maléfiques en effet,
Ils ont l'air, sur les crépuscules,
D'un mauvais rêve que l'on fait ;

C'est que, sur leurs aigres guitares
Crispant la main des libertés,
Ils nasillent[2] des chants bizarres,
Nostalgiques et révoltés ;

C'est enfin que dans leurs prunelles
Rit et pleure – fastidieux[3] –
L'amour des choses éternelles,
Des vieux morts et des anciens dieux !

1. Grotesques : en peinture et sculpture, figures imaginaires et grimaçantes qui effraient et amusent à la fois.

2. Nasillent : fredonnent en parlant du nez.

3. Fastidieux : monotones et ennuyeux.

– Donc, allez, vagabonds sans trèves,
Errez, funestes et maudits,
Le long des gouffres et des grèves,
Sous l'œil fermé des paradis !

La nature à l'homme s'allie
Pour châtier comme il le faut
L'orgueilleuse mélancolie
Qui vous fait marcher le front haut,

Et vengeant sur vous le blasphème
Des vastes espoirs véhéments[1],
Meurtrit votre front anathème[2]
Au choc rude des éléments.

Les juins brûlent et les décembres
Gèlent votre chair jusqu'aux os,
Et la fièvre envahit vos membres
Qui se déchirent aux roseaux.

Tout vous repousse et tout vous navre,
Et quand la mort viendra pour vous,
Maigre et froide, votre cadavre
Sera dédaigné par les loups !

1. Véhéments : violents.

2. Anathème : qui est l'objet d'une malédiction.

Paysages tristes

À Catulle Mendès[1].

I

Soleils couchants

Une aube affaiblie
Verse par les champs
La mélancolie
Des soleils couchants.
La mélancolie
Berce de doux chants
Mon cœur qui s'oublie
Aux soleils couchants.
Et d'étranges rêves,
Comme des soleils
Couchants sur les grèves,
Fantômes vermeils,
Défilent sans trêves,
Défilent, pareils
À des grands soleils
Couchants sur les grèves.

---

1. Catulle Mendès : (1841-1909), romancier, dramaturge et poète apprécié de Verlaine, fondateur de la revue *Le Parnasse contemporain*.

II

Crépuscule du soir mystique[1]

Le Souvenir avec le Crépuscule
Rougeoie et tremble à l'ardent horizon
De l'Espérance en flamme qui recule
Et s'agrandit ainsi qu'une cloison
Mystérieuse où mainte floraison
– Dahlia, lys, tulipe et renoncule[2] –
S'élance autour d'un treillis[3], et circule
Parmi la maladive exhalaison[4]
De parfums lourds et chauds, dont le poison
– Dahlia, lys, tulipe et renoncule –
Noyant mes sens, mon âme et ma raison,
Mêle dans une immense pâmoison[5]
Le Souvenir avec le Crépuscule.

1. **Mystique** : spirituel, de nature religieuse.
2. **Renoncule** : plante herbacée (comme les boutons-d'or).
3. **Treillis** : supports grillagés des plantes.
4. **Exhalaison** : odeur.
5. **Pâmoison** : perte de connaissance sous le coup d'une vive émotion.

III
Promenade sentimentale

Le couchant dardait[1] ses rayons suprêmes
Et le vent berçait les nénuphars blêmes ;
Les grands nénuphars entre les roseaux
Tristement luisaient sur les calmes eaux.
Moi j'errais tout seul, promenant ma plaie
Au long de l'étang, parmi la saulaie[2]
Où la brume vague évoquait un grand
Fantôme laiteux se désespérant
Et pleurant avec la voix des sarcelles[3]
Qui se rappelaient en battant des ailes
Parmi la saulaie où j'errais tout seul
Promenant ma plaie ; et l'épais linceul
Des ténèbres vint noyer les suprêmes
Rayons du couchant dans ses ondes blêmes
Et les nénuphars, parmi les roseaux,
Les grands nénuphars sur les calmes eaux.

1. **Dardait** : lançait (telle une flèche).
2. **Saulaie** : plantation de saules.
3. **Sarcelles** : oiseaux palmipèdes, plus petits que le canard.

IV

Nuit du Walpurgis[1] classique

C'est plutôt le sabbat du second Faust[2] que l'autre.
Un rythmique sabbat, rythmique, extrêmement
Rythmique. – Imaginez un jardin de Lenôtre[3],
    Correct, ridicule et charmant.

Des ronds-points ; au milieu, des jets d'eaux ; des allées
Toutes droites ; sylvains de marbre[4] ; dieux marins
De bronze ; çà et là, des Vénus étalées ;
    Des quinconces[5], des boulingrins[6] ;

Des châtaigniers ; des plants de fleurs formant la dune ;
Ici, des rosiers nains qu'un goût docte[7] affila[8] ;
Plus loin, des ifs taillés en triangles. La lune
    D'un soir d'été sur tout cela.

ooo

1. **Walpurgis** : nom d'une montagne dans la mythologie germanique, où dans la nuit du 30 avril au 1er mai, se déroule le sabbat des sorcières.

2. ***Faust*** : l'écrivain allemand Goethe (1749-1832) a composé deux *Faust*, du nom d'un magicien qui vendit son âme au Diable pour satisfaire son désir de jouissance et sa curiosité intellectuelle. Dans le *Second Faust* (1808), il ren contre des personnages de la mythologie grecque, descend aux Enfers où il conquiert puis perd la belle Hélène, dont le rapt fut à l'origine de la guerre de Troie.

3. **Lenôtre André** : (1613-1700), jardinier du Roi et créateur du parc et des jardins de Versailles.

4. **Sylvains de marbre** : statues représentant des « sylvains », des génies de la forêt.

5. **Quinconces** : plantations d'arbres disposés sur plusieurs lignes parallèles.

6. **Boulingrins** : parterres de gazon entourés de bordures ou de talus.

7. **Docte** : savant.

8. **Affila** : planta à la file.

Minuit sonne, et réveille au fond du parc aulique[1]
Un air mélancolique, un sourd, lent et doux air
De chasse : tel, doux, lent, sourd et mélancolique,
L'air de chasse de *Tannhäuser*[2].

Des chants voilés de cors lointains où la tendresse
Des sens étreint l'effroi de l'âme en des accords
Harmonieusement dissonants dans l'ivresse ;
Et voici qu'à l'appel des cors

S'entrelacent soudain des formes toutes blanches,
Diaphanes[3], et que le clair de lune fait
Opalines[4] parmi l'ombre verte des branches,
– Un Watteau[5] rêvé par Raffet[6] ! –

S'entrelacent parmi l'ombre verte des arbres
D'un geste alangui, plein d'un désespoir profond,
Puis, autour des massifs, des bronzes et des marbres,
Très lentement dansent en rond.

– Ces spectres agités, sont-ce donc la pensée
Du poète ivre, ou son regret, ou son remords,
Ces spectres agités en tourbe[7] cadencée
Ou bien tout simplement des morts ?

---

1. Aulique : qui appartient à la Cour des rois.

2. ***Tannhäuser :*** opéra de Wagner, joué et sifflé à Paris en 1861, qui comporte un célèbre air de chasse.

3. Diaphanes : translucides.

4. Opalines : de la teinte laiteuse et bleurée de l'opale.

5. Watteau Antoine : (1684-1721), peintre des fêtes galantes.

6. Raffet Denis : (1804-1860), peintre, graveur et dessinateur, aux lignes toutes géométriques.

7. Tourbe : foule, et péjorativement, populace.

Sont-ce donc ton remords, ô rêvasseur qu'invite
L'horreur, ou ton regret, ou ta pensée, – hein ? – tous
Ces spectres qu'un vertige irrésistible agite,
Ou bien des morts qui seraient fous ? –

N'importe ! ils vont toujours, les fébriles [1] fantômes,
Menant leur ronde vaste et morne et tressautant
Comme dans un rayon de soleil des atomes,
Et s'évaporant à l'instant

Humide et blême où l'aube éteint l'un après l'autre
Les cors, en sorte qu'il ne reste absolument
Plus rien – absolument – qu'un jardin de Lenôtre,
Correct, ridicule et charmant.

1. **Fébriles** : fiévreux, agités.

V

Chanson d'automne

Les sanglots longs
Des violons
De l'automne
Blessent mon cœur
D'une langueur[1]
Monotone.

Tout suffocant
Et blême, quand
Sonne l'heure,

Je me souviens
Des jours anciens
Et je pleure ;

Et je m'en vais
Au vent mauvais
Qui m'emporte
Deçà, delà,
Pareil à la
Feuille morte.

1. **Langueur** : affaiblissement dépressif.

VI

L'Heure du berger[1]

La lune est rouge au brumeux horizon ;
Dans un brouillard qui danse la prairie
S'endort fumeuse, et la grenouille crie
Par les joncs verts où circule un frisson ;

Les fleurs des eaux referment leurs corolles ;
Des peupliers profilent aux lointains,
Droits et serrés, leurs spectres incertains ;
Vers les buissons errent les lucioles[2] ;

Les chats-huants[3] s'éveillent, et sans bruit
Rament l'air noir avec leurs ailes lourdes,
Et le zénith[4] s'emplit de lueurs sourdes.
Blanche, Vénus émerge, et c'est la Nuit.

1. **L'Heure du berger** : l'heure, dans la tradition populaire, où l'amant (le berger) trouve l'amante favorable à ses vœux.

2. **Lucioles** : insectes ailés et lumineux.

3. **Chats-huants** : rapaces nocturnes, dont les ailes ressemblent à des oreilles de chat.

4. **Zénith** : point le plus haut de la course d'un astre.

VII
Le Rossignol

Comme un vol criard d'oiseaux en émoi,
Tous mes souvenirs s'abattent sur moi,
S'abattent parmi le feuillage jaune
De mon cœur mirant[1] son tronc plié d'aune[2]
Au tain[3] violet de l'eau des Regrets
Qui mélancoliquement coule auprès,
S'abattent, et puis la rumeur mauvaise
Qu'une brise moite en montant apaise,
S'éteint par degrés dans l'arbre, si bien
Qu'au bout d'un instant on n'entend plus rien,
Plus rien que la voix célébrant l'Absente,
Plus rien que la voix – ô si languissante ! –
De l'oiseau que fut mon Premier Amour,
Et qui chante encor comme au premier jour ;
Et, dans la splendeur triste d'une lune
Se levant blafarde et solennelle, une
Nuit mélancolique et lourde d'été,
Pleine de silence et d'obscurité,
Berce sur l'azur qu'un vent doux effleure
L'arbre qui frissonne et l'oiseau qui pleure.

1. **Mirant** : reflétant.
2. **Aune** : ou aulne, arbre poussant dans les lieux humides.
3. **Tain** : fond en étain et mercure appliqué derrière une glace pour qu'elle devienne miroir.

La mélancolie

1

Qu'est-ce qui rend ces « paysages » « tristes » ?

• La plupart des poèmes de la section privilégie les **tombées du soir** ou les moments nocturnes : « Soleils couchants » (p. 34), « Crépuscule » (p. 35), « L'Heure du berger » (p. 41). Ces moments sont propices au **souvenir** qui s'allie au « Crépuscule du soir mystique ». « Sont-ce donc ton remords, ô rêvasseur » (« Nuit du Walpurgis classique », p. 37).

• États d'âme, ces moments crépusculaires favorisent les **sentiments mélancoliques**, dans une influence mutuelle : le couchant est en soi mélancolique et le poète projette sa propre mélancolie sur les paysages.

2

Quelles sont les principales caractéristiques de la versification ?

• Toute cette section est composée de **vers hétérométriques**. Vers de cinq syllabes : « Soleils couchants », « Chanson d'automne » (p. 40). Vers de dix syllabes (décasyllabes) : « Crépuscule du soir mystique », « Promenade sentimentale » (p. 36), « L'heure du berger », « Le Rossignol » (p. 42). Le long poème de la « Nuit du Walpurgis classique » mêle alexandrins et octosyllabes.

• Dès son premier recueil, Verlaine s'affranchit des règles métriques traditionnelles en usant du vers impair et en **cassant le rythme de l'alexandrin**.

3

Quel état d'esprit du poète ?

• Une conscience accablée par le **poids de cruels souvenirs**, liés à une rupture sentimentale : « Moi j'errais tout seul, promenant ma plaie » (« Promenade sentimentale »).

• Un **désespoir sans fin** : « l'ardent horizon / de l'espérance en flamme » recule (« Crépuscule du soir mystique »). Il n'y a aucune possibilité de retrouver la stabilité : « Et je m'en vais / Au vent mauvais / Qui m'emporte » (« Chanson d'automne »).

• Un **accablement moral, intellectuel** : « Ces spectres agités, sont-ce donc la pensée / Du poète ivre... (« Nuit du Walpurgis classique »).

DÉFINITION CLÉ

L'alexandrin

L'alexandrin, vers de 12 syllabes, comporte traditionnellement deux hémistiches (6 + 6), délimités par la césure. Quand il l'emploie, Verlaine le rythme souvent différemment : en 3 + 9 ; en 2 + 8 + 2...

Caprices[1]

À Henry Winter[2].

I

Femme et Chatte

Elle jouait avec sa chatte,
Et c'était merveille de voir
La main blanche et la blanche patte
S'ébattre dans l'ombre du soir.

Elle cachait – la scélérate[3] ! –
Sous ses mitaines[4] de fil noir
Ses meurtriers ongles d'agate[5],
Coupants et clairs comme un rasoir.

L'autre aussi faisait la sucrée
Et rentrait sa griffe acérée,
Mais le diable n'y perdait rien…

Et dans le boudoir[6] où, sonore,
Tintait son rire aérien,
Brillaient quatre points[7] de phosphore.

---

1. **Caprices** : en musique aussi bien qu'en dessin et peinture, le terme désigne des œuvres de fantaisie, sur des thèmes très variés, hors des règles et genres traditionnels.
2. **Henry Winter** : poète parnassien, collaborateur de revues littéraires.
3. **Scélérate** : friponne.
4. **Mitaines** : gants laissant à nu les deux dernières phalanges des doigts.
5. **Agate** : pierre précieuse, très dure de consistance.
6. **Boudoir** : petite pièce où la maîtresse recevait ses amies.
7. Il s'agit des yeux de la femme et de la chatte.

II

Jésuitisme[1]

Le Chagrin qui me tue est ironique, et joint
Le sarcasme[2] au supplice, et ne torture point
Franchement, mais picote avec un faux sourire
Et transforme en spectacle amusant mon martyre,
Et sur la bière[3] où gît mon Rêve mi-pourri
Beugle[4] un *De Profundis*[5] sur l'air du *Tradéri*.[6]
C'est un Tartuffe[7] qui, tout en mettant des roses
Pompons sur les autels des Madones[8] moroses,
Tout en faisant chanter à des enfants de chœur
Des cantiques d'eau tiède où se baigne le cœur,
Tout en amidonnant ces guimpes[9] amoureuses
Qui serpentent au cœur sacré des Bienheureuses[10],
Tout en disant à voix basse son chapelet,
Tout en passant la main sur son petit collet,
Tout en parlant avec componction[11] de l'âme,
N'en médite pas moins ma ruine, – l'infâme !

---

1. Jésuitisme : hypocrisie, par référence à la conduite longtemps jugée hypocrite des Jésuites.

2. Sarcasme : méchante moquerie.

3. Bière : cercueil.

4. Beugle : gueule (emploi familier).

5. *De profundis* : début d'une prière chrétienne pour le repos des morts.

6. *Tradéri* : premier mot du refrain d'une chanson légère sur un amour déçu.

7. Tartuffe : personnage de la comédie de Molière (1669), devenu le type même de l'hypocrisie religieuse.

8. Madones : tableaux ou statues représentant la Vierge.

9. Guimpes : dentelles ornant le décolleté d'une robe.

10. Les Bienheureuses : les religieuses qui jouissent de la béatitude divine et éternelle.

11. Avec componction : avec une fausse gravité.

III

La Chanson des Ingénues [1]

Nous sommes les Ingénues
Aux bandeaux plats, à l'œil bleu,
Qui vivons, presque inconnues,
Dans les romans qu'on lit peu.

Nous allons entrelacées,
Et le jour n'est pas plus pur
Que le fond de nos pensées,
Et nos rêves sont d'azur ;

Et nous courons par les prées [2]
Et rions et babillons
Des aubes jusqu'aux vesprées [3],
Et chassons aux papillons ;

Et des chapeaux de bergères
Défendent notre fraîcheur,
Et nos robes – si légères –
Sont d'une extrême blancheur ;

1. **Ingénues** : jeunes filles naïves, ignorant tout des choses de l'amour.
2. **Prées** : prés (archaïsme).
3. **Vesprées** : soirs (archaïsme).

Les Richelieux[1], les Caussades[2]
Et les chevaliers Faublas[3]
Nous prodiguent les œillades,
Les saluts et les « hélas ! »

Mais en vain, et leurs mimiques
Se viennent casser le nez
Devant les plis ironiques
De nos jupons détournés ;

Et notre candeur[4] se raille
Des imaginations
De ces raseurs de muraille,
Bien que parfois nous sentions

Battre nos cœurs sous nos mantes[5]
À des pensers clandestins,
En nous sachant les amantes
Futures des libertins.

1. Les Richelieux : ceux qui se comportent comme le duc de Richelieu (1696-1788), arrière-petit-neveu du Cardinal de Richelieu, célèbre pour ses débauches et aventures galantes.

2. Les Caussades : ceux qui, comme Caussade, personnage d'une pièce de Victor Hugo, multiplie les duels.

3. Faublas : héros galant d'un roman de Louvet de Couvray au XVIIIe siècle.

4. Candeur : innocence.

5. Mantes : vêtement ample et sans manches.

IV

Une grande dame

Belle « à damner les saints », à troubler sous l'aumusse[1]
Un vieux juge ! Elle marche impérialement.
Elle parle – et ses dents font un miroitement –
Italien, avec un léger accent russe.

Ses yeux froids où l'émail sertit de bleu de Prusse
Ont l'éclat insolent et dur du diamant.
Pour la splendeur du sein, pour le rayonnement
De la peau, nulle reine ou courtisane[2], fût-ce

Cléopâtre[3] la lynce[4] ou la chatte Ninon[5],
N'égale sa beauté patricienne, non !
Vois, ô bon Buridan[6] : « C'est une grande dame ! »

Il faut – pas de milieu ! – l'adorer à genoux,
Plat, n'ayant d'astre aux cieux que ses lourds cheveux roux,
Ou bien lui cravacher la face, à cette femme !

---

1. Aumusse : fourrure que les juges et certains ecclésiastiques portaient sur le bras en signe de dignité.

2. Courtisane : femme légère aux mondaines manières.

3. Cléopâtre : reine d'Égypte, célèbre par sa beauté, qu'aimèrent successivement Jules César et Antoine.

4. Lynce : féminin forgé sur le mot lynx.

5. Ninon de Lenclos : (1616-1706), la plus célèbre courtisane du XVIIe siècle.

6. Buridan : personnage de *La Tour de Nesle,* drame romantique d'Alexandre Dumas (1832) qui s'exclame : « Ce sont de grandes dames ». On ne peut exclure qu'il y ait aussi une allusion à l'âne de Buridan, qui meurt de faim et de soif, pour ne pas savoir s'il doit commencer par boire un seau d'eau ou manger un seau d'avoine.

V

Monsieur Prudhomme[1]

Il est grave : il est maire et père de famille.
Son faux col engloutit son oreille. Ses yeux
Dans un rêve sans fin flottent insoucieux,
Et le printemps en fleur sur ses pantoufles brille.

Que lui fait l'astre d'or, que lui fait la charmille[2]
Où l'oiseau chante à l'ombre, et que lui font les cieux,
Et les prés verts et les gazons silencieux ?
Monsieur Prudhomme songe à marier sa fille

Avec monsieur Machin, un jeune homme cossu[3].
Il est juste-milieu[4], botaniste et pansu[5].
Quant aux faiseurs de vers, ces vauriens, ces maroufles,

Ces fainéants barbus, mal peignés, il les a
Plus en horreur que son éternel coryza[6],
Et le printemps en fleur brille sur ses pantoufles.

1. Prudhomme : personnage du bourgeois vaniteux et stupide inventé en 1830 par l'écrivain Henry Monnier (1799-1877)

2. Charmille : tonnelle ombragée, propice aux galanteries.

3. Cossu : riche.

4. Juste-milieu : nom donné sous la monarchie de Juillet (1830-1848) au mouvement centriste du Tiers-Parti.

5. Pansu : ventru.

6. Coryza : rhume de cerveau.

Caprices, I à V

Une satire sociale

1 Quels sens revêt le mot « caprices » ?

• En peinture et en dessin, le caprice désigne aux XVIIe et XVIIIe siècles des **œuvres variées** sur divers sujets, n'appartenant à **aucun genre codifié précis**. C'est l'imagination qui se donne libre cours, d'où le terme de caprice.

• Aucun lien ne relie en effet « Femme et chatte » (p. 44) à « Une grande dame » (p. 48) ou à « Monsieur Prudhomme » (p. 49) : ni leur sujet, ni leur structure ni leurs mètres.

2 Que dénonce Verlaine dans ses « caprices » ?

• Ces « caprices » n'ont sur le fond rien de capricieux. Verlaine, qui promettait dans le Prologue de se tenir à l'écart de la cité, se livre à une **violente satire** sociale, dont les deux autres recueils ne porteront que peu la marque.

• **Les cibles** de cette satire sont :

– l'**hypocrisie religieuse** dans « Jésuitisme » (p. 45) et en partie dans « La Chanson des ingénues » (p. 46) ;

– **le contentement béat** et stupide de la bourgeoisie dans « Monsieur Prudhomme » ;

– **l'ambiguïté de la femme** : séduisante et prête à griffer dans « Femme et Chatte », courtisane et dominatrice dans « Une grande dame ».

3 Quelles formes poétiques Verlaine utilise-t-il ?

• Des **quatrains** en vers impairs de sept syllabes dans « La Chanson des ingénues » ou en octosyllabes dans « Femme et chatte ».

• Des **laisses** (des poèmes de longueur variable, sans délimitation strophique) en alexandrins : « Jésuitisme ».

• Des **tercets** également en alexandrins dans « Une grande dame » ou « Monsieur Prudhomme »).

DÉFINITION CLÉ

La diérèse

• Une diérèse consiste dans la **prononciation distincte de deux voyelles** qui normalement ne forment qu'une seule syllabe ; par exemple : « Itali-en, avec un léger accent russe » (« Une grande dame »). Omettre une diérèse, c'est mal compter le nombre de syllabes d'un vers.

• Le contraire d'une diérèse est la synérèse.

Initium[1]

Les violons mêlaient leur rire au chant des flûtes
Et le bal tournoyait quand je la vis passer
Avec ses cheveux blonds jouant sur les volutes[2]
De son oreille où mon Désir comme un baiser
S'élançait et voulait lui parler, sans oser.

Cependant elle allait, et la mazurque[3] lente
La portait dans son rythme indolent[4] comme un vers,
– Rime mélodieuse, image étincelante, –
Et son âme d'enfant rayonnait à travers
La sensuelle ampleur de ses yeux gris et verts.

Et depuis, ma Pensée – immobile – contemple
Sa Splendeur évoquée, en adoration,
Et dans son Souvenir, ainsi que dans un temple,
Mon Amour entre, plein de superstition.

Et je crois que voici venir la Passion[5].

---

1. ***Initium*** : début, commencement en latin.

2. Jouant sur les volutes : jouant sur des mèches enroulées en spirale.

3. Mazurque : mazurka, danse polonaise.

4. Indolent : lent.

5. Passion : double sens du mot : le Grand Amour et, par référence à la Passion du Christ, la souffrance.

Çavitrî[1]

(Maha-Baratta.)

Pour sauver son époux, Çavitrî fit le vœu
De se tenir trois jours entiers, trois nuits entières,
Debout, sans remuer jambes, buste ou paupières :
Rigide, ainsi que dit Vyaça[2], comme un pieu.

Ni, Çurya[3], tes rais[4] cruels, ni la langueur
Que Tchandra[5] vient épandre à minuit sur les cimes
Ne firent défaillir, dans leurs efforts sublimes,
La pensée et la chair de la femme au grand cœur.

– Que nous cerne l'Oubli, noir et morne assassin,
Ou que l'Envie aux traits amers nous ait pour cibles,
Ainsi que Çavitrî faisons-nous impassibles,
Mais, comme elle, dans l'âme ayons un haut dessein.

1. Çavitrî : dans la grande épopée indienne du *Mahâbârata,* la princesse Câvitri épouse Satayan, bien qu'elle le sache condamné par les dieux ; pour sauver son mari, elle fait vœu de rester trois jours et trois nuits debout et immobile, ce qui la fait ressembler à un « pieu ».

2. Vyaça : auteur présumé du *Mahâbârata.*

3. Çurya : dieu védique du Soleil.

4. Rais : rayons.

5. Tchandra : déesse de la Lune.

Sub Urbe[1]

Les petits ifs du cimetière
Frémissent au vent hiémal[2],
Dans la glaciale lumière.

Avec des bruits sourds qui font mal,
Les croix de bois des tombes neuves
Vibrent sur un ton anormal.

Silencieux comme des fleuves,
Mais gros de pleurs comme eux de flots,
Les fils, les mères et les veuves,

Par les détours du triste enclos
S'écoulent, – lente théorie, –
Au rythme heurté des sanglots.

Le sol sous les pieds glisse et crie,
Là-haut de grands nuages tors[3]
S'échevèlent avec furie.

Pénétrant comme le remords,
Tombe un froid lourd qui vous écœure
Et qui doit filtrer chez les morts,

Chez les pauvres morts, à toute heure
Seuls, et sans cesse grelottants,
Qu'on les oublie ou qu'on les pleure ! –
ooo

---

1. ***Sub Urbe*** : formule latine signifiant sous la ville, c'est-à-dire le cimetière, là où est le royaume des morts

2. **Hiémal** : hivernal.

3. **Tors** : tordus.

Ah ! vienne vite le Printemps,
Et son clair soleil qui caresse,
Et ses doux oiseaux caquetants !

Refleurisse l'enchanteresse
Gloire des jardins et des champs
Que l'âpre hiver tient en détresse !

Et que – des levers aux couchants –
L'or dilaté d'un ciel sans bornes
Berce de parfums et de chants,

Chers endormis, vos sommeils mornes !

Sérénade[1]

Comme la voix d'un mort qui chanterait
Du fond de sa fosse,
Maîtresse, entends monter vers ton retrait[2]
Ma voix aigre et fausse.

Ouvre ton âme et ton oreille au son
De ma mandoline :
Pour toi j'ai fait, pour toi, cette chanson
Cruelle et câline.

Je chanterai tes yeux d'or et d'onyx[3]
Purs de toutes ombres,
Puis le Léthé[4] de ton sein, puis le Styx[5]
De tes cheveux sombres.

Comme la voix d'un mort qui chanterait
Du fond de sa fosse,
Maîtresse, entends monter vers ton retrait
Ma voix aigre et fausse.

Puis je louerai beaucoup, comme il convient,
Cette chair bénie
Dont le parfum opulent me revient
Les nuits d'insomnie.

ooo

1. Sérénade : au sens propre, concert ou chant donné la nuit sous les fenêtres de la femme aimée. Le titre est ici ironique.

2. Retrait : l'endroit où l'on se retire (boudoir, cabinet de travail), mais le mot désigne aussi le lieu d'aisances (les toilettes) !

3. Onyx : variété d'agathe.

4. Léthé : fleuve de l'oubli dans les Enfers, selon la mythologie gréco-romaine.

5. Styx : autre fleuve des Enfers.

Et pour finir, je dirai le baiser
De ta lèvre rouge,
Et ta douceur à me martyriser,
– Mon Ange ! – ma Gouge[1] !

Ouvre ton âme et ton oreille au son
De ma mandoline :
Pour toi j'ai fait, pour toi, cette chanson
Cruelle et câline.

1. **Gouge** : prostituée.

Un dahlia

Courtisane au sein dur, à l'œil opaque et brun
S'ouvrant avec lenteur comme celui d'un bœuf,
Ton grand torse reluit ainsi qu'un marbre neuf.

Fleur grasse et riche, autour de toi ne flotte aucun
Arôme, et la beauté sereine de ton corps
Déroule, mate, ses impeccables accords.

Tu ne sens même pas la chair, ce goût qu'au moins
Exhalent celles-là qui vont fanant[1] les foins,
Et tu trônes, Idole insensible à l'encens.

– Ainsi le Dahlia, roi vêtu de splendeur,
Élève sans orgueil sa tête sans odeur,
Irritant au milieu des jasmins[2] agaçants !

1. **Fanant** : retournant le foin pour le faire sécher.
2. **Jasmins** : arbustes aux fleurs jaunes très odorantes, à l'inverse du dahlia.

Nevermore[1]

Allons, mon pauvre cœur, allons, *mon vieux complice*,
Redresse et peins à neuf tous tes arcs triomphaux ;
Brûle un encens ranci sur tes autels d'or faux ;
Sème de fleurs les bords béants du précipice ;
Allons, mon pauvre cœur, allons, *mon vieux complice !*

Pousse à Dieu ton cantique, ô chantre[2] rajeuni ;
Entonne, orgue enroué, des *Te Deum*[3] splendides ;
Vieillard prématuré, mets du fard sur tes rides ;
Couvre-toi de tapis mordorés[4], mur jauni ;
Pousse à Dieu ton cantique, ô chantre rajeuni.

Sonnez, grelots ; sonnez, clochettes ; sonnez, cloches !
Car mon rêve impossible a pris corps, et je l'ai
Entre mes bras pressé : le Bonheur, cet ailé
Voyageur qui de l'Homme évite les approches,
– Sonnez, grelots ; sonnez, clochettes ; sonnez, cloches !

Le Bonheur a marché côte à côte avec moi ;
Mais la FATALITÉ ne connaît point de trêve :
Le ver est dans le fruit, le réveil dans le rêve.
Et le remords est dans l'amour : telle est la loi.
– Le Bonheur a marché côte à côte avec moi.

1. ***Nevermore*** : jamais plus en anglais.

2. **Chantre** : chanteur dans un service religieux, mais aussi poète épique ou lyrique.

3. ***Te Deum*** : hymne solennel d'action de grâces pour louer Dieu.

4. **Mordoré** : qui est d'un brun chaud avec des reflets dorés.

Il Bacio[1]

Baiser ! rose trémière[2] au jardin des caresses !
Vif accompagnement sur le clavier des dents
Des doux refrains qu'Amour chante en les cœurs ardents
Avec sa voix d'archange aux langueurs charmeresses !

Sonore et gracieux Baiser, divin Baiser !
Volupté nonpareille, ivresse inénarrable[3] !
Salut ! L'homme, penché sur ta coupe adorable,
S'y grise d'un bonheur qu'il ne sait épuiser.

Comme le vin du Rhin et comme la musique,
Tu consoles et tu berces, et le chagrin
Expire avec la moue en ton pli purpurin[4]...
Qu'un plus grand, Gœthe[5] ou Will[6] te dresse un vers classique.

Moi, je ne puis, chétif trouvère[7] de Paris,
T'offrir que ce bouquet de strophes enfantines :
Sois bénin[8] et, pour prix, sur les lèvres mutines[9]
D'Une que je connais, Baiser, descends, et ris.

1. ***Il Bacio***: le baiser, en italien ; c'était aussi le titre d'une valse chantée alors en vogue.
2. **Rose trémière** : variété particulière de roses, à la forme arrondie.
3. **Inénarrable** : qu'on ne peut pas raconter, indicible.
4. **Purpurin** : pourpre.
5. **Goethe** : (1749-1832), poète, romancier et dramaturge allemand.
6. **Will** : le poète anglais William Shakespeare (1564-1616).
7. **Chétif trouvère** : pauvre poète au Moyen Âge.
8. **Bénin** : indulgent.
9. **Mutines** : rebelles.

Dans les bois

D'autres, – des innocents ou bien des lymphatiques[1],
Ne trouvent dans les bois que charmes langoureux,
Souffles frais et parfums tièdes. Ils sont heureux !
D'autres s'y sentent pris – rêveurs – d'effrois mystiques.

Ils sont heureux ! Pour moi, nerveux, et qu'un remords
Épouvantable et vague affole sans relâche,
Par les forêts je tremble à la façon d'un lâche
Qui craindrait une embûche ou qui verrait des morts.

Ces grands rameaux jamais apaisés, comme l'onde,
D'où tombe un noir silence avec une ombre encor
Plus noire, tout ce morne et sinistre décor
Me remplit d'une horreur triviale[2] et profonde.

Surtout les soirs d'été : la rougeur du couchant
Se fond dans le gris bleu des brumes qu'elle teinte
D'incendie et de sang ; et l'angélus[3] qui tinte
Au lointain semble un cri plaintif se rapprochant.

---

1. **Lymphatiques** : personnes lentes et sans ressort.

2. **Triviale** : ordinaire.

3. **Angélus** : sonnerie des cloches qui, matin, midi et soir, appelle à réciter la prière (chrétienne) de l'ange.

Le vent se lève chaud et lourd, un frisson passe
Et repasse, toujours plus fort, dans l'épaisseur
Toujours plus sombre des hauts chênes, obsesseur[1],
Et s'éparpille, ainsi qu'un miasme[2], dans l'espace.

La nuit vient. Le hibou s'envole. C'est l'instant
Où l'on songe aux récits des aïeules naïves...
Sous un fourré, là-bas, là-bas, des sources vives
Font un bruit d'assassins postés se concertant.

---

1. Obsesseur : obsédant.
2. Miasme : odeur putride.

Nocturne[1] parisien

À Edmond Lepelletier.

Roule, roule ton flot indolent, morne Seine. –
Sous tes ponts qu'environne une vapeur malsaine
Bien des corps ont passé, morts, horribles, pourris,
Dont les âmes avaient pour meurtrier Paris.
Mais tu n'en traînes pas, en tes ondes glacées,
Autant que ton aspect m'inspire de pensées !

Le Tibre[2] a sur ses bords des ruines qui font
Monter le voyageur vers un passé profond,
Et qui, de lierre noir et de lichen[3] couvertes,
Apparaissent, tas gris, parmi les herbes vertes.
Le gai Guadalquivir[4] rit aux blonds orangers
Et reflète, les soirs, des boléros[5] légers.
Le Pactole[6] a son or, le Bosphore[7] a sa rive
Où vient faire son kief[8] l'odalisque[9] lascive[10].

---

1. Nocturne : morceau de musique proche de la sérénade, mais aussi office religieux célébré durant la nuit.
2. Tibre : fleuve traversant Rome.
3. Lichen : végétal poussant sur les troncs d'arbres ou sur des rochers.
4. Guadalquivir : fleuve d'Andalousie, en Espagne.
5. Boléro : danse espagnol, à trois temps, de mouvement modéré.
6. Pactole : rivière de Lydie, roulant, disait-on, des paillettes d'or.
7. Bosphore : détroit qui relie la mer Noire à la mer de Marmara, en Turquie.
8. Kief : repos du milieu de la journée chez les Turcs.
9. Odalisque : femme de chambre esclave au service des femmes d'un harem.
10. Lascive : sensuelle.

Le Rhin est un burgrave[1], et c'est un troubadour
Que le Lignon[2], et c'est un ruffian[3] que l'Adour[4].
Le Nil, au bruit plaintif de ses eaux endormies,
Berce de rêve doux le sommeil des momies.
Le grand Meschascébé[5], fier de ses joncs sacrés,
Charrie augustement[6] ses îlots mordorés,
Et soudain, beau d'éclairs, de fracas et de fastes[7],
Splendidement s'écroule en Niagaras vastes.

L'Eurotas[8], où l'essaim des cygnes familiers
Mêle sa grâce blanche au vert mat des lauriers,
Sous son ciel clair que raie un vol de gypaète[9],
Rythmique et caressant, chante ainsi qu'un poète.
Enfin, Ganga[10], parmi les hauts palmiers tremblants
Et les rouges padmas[11], marche à pas fiers et lents
En appareil royal, tandis qu'au loin la foule
Le long des temples va hurlant, vivante houle,
Au claquement massif des cymbales de bois,
Et qu'accroupi, filant ses notes de hautbois,
Du saut de l'antilope agile attendant l'heure,
Le tigre jaune au dos rayé s'étire et pleure.

ooo

---

1. Burgrave : titre de noblesse allemand, attribué au commandant d'une ville ou d'une place-forte.

2. Lignon : nom d'un affluent de la Loire.

3. Ruffian : un voyou et un souteneur.

4. Adour : fleuve du sud-ouest de la France.

5. Meschascébé : nom indien du Mississipi.

6. Augustement : majestueusement.

7. Fastes : grandeurs, solennités.

8. Eurotas : fleuve de la Grèce sur les bords duquel était construite la ville de Sparte.

9. Gypaète : oiseau rapace diurne, comme l'aigle ou le vautour.

10. Ganga : le Gange, fleuve sacré de l'Inde.

11. Padmas : nom du lotus.

– Toi, Seine, tu n'as rien. Deux quais, et voilà tout,
Deux quais crasseux, semés de l'un à l'autre bout
D'affreux bouquins moisis et d'une foule insigne
Qui fait dans l'eau des ronds et qui pêche à la ligne.
Oui, mais quand vient le soir, raréfiant enfin
Les passants alourdis de sommeil ou de faim,
Et que le couchant met au ciel des taches rouges,
Qu'il fait bon aux rêveurs descendre de leurs bouges[1]
Et, s'accoudant au pont de la Cité, devant
Notre-Dame, songer, cœur et cheveux au vent !
Les nuages, chassés par la brise nocturne,
Courent, cuivreux et roux, dans l'azur taciturne.
Sur la tête d'un roi du portail, le soleil,
Au moment de mourir, pose un baiser vermeil.
L'hirondelle s'enfuit à l'approche de l'ombre,
Et l'on voit voleter la chauve-souris sombre.
Tout bruit s'apaise autour. À peine un vague son
Dit que la ville est là qui chante sa chanson,
Qui lèche ses tyrans et qui mord ses victimes ;
Et c'est l'aube des vols, des amours et des crimes.
– Puis, tout à coup, ainsi qu'un ténor[2] effaré
Lançant dans l'air bruni son cri désespéré,
Son cri qui se lamente et se prolonge, et crie,
Éclate en quelque coin l'orgue de Barbarie :
Il brame un de ces airs, romances ou polkas,
Qu'enfants nous tapotions sur nos harmonicas
Et qui font, lents ou vifs, réjouissants ou tristes,
Vibrer l'âme aux proscrits, aux femmes, aux artistes.
C'est écorché, c'est faux, c'est horrible, c'est dur,
Et donnerait la fièvre à Rossini[3], pour sûr ;

1. Bouges : taudis.

2. Ténor : chanteur dont la voix évolue sur un registre aigu.

3. Rossini : (1792-1868), célèbre compositeur italien d'opéras-comiques.

Ces rires sont traînés, ces plaintes sont hachées ;
Sur une clef de sol impossible juchées,
Les notes ont un rhume et les *do* sont des *la*,
Mais qu'importe ! l'on pleure en entendant cela !
Mais l'esprit, transporté dans le pays des rêves,
Sent à ces vieux accords couler en lui des sèves ;
La pitié monte au cœur et les larmes aux yeux,
Et l'on voudrait pouvoir goûter la paix des cieux,
Et dans une harmonie étrange et fantastique
Qui tient de la musique et tient de la plastique[1],
L'âme, les inondant de lumière et de chant,
Mêle les sons de l'orgue aux rayons du couchant !

– Et puis l'orgue s'éloigne, et puis c'est le silence,
Et la nuit terne arrive, et Vénus se balance
Sur une molle nue[2] au fond des cieux obscurs ;
On allume les becs de gaz le long des murs,
Et l'astre et les flambeaux font des zigzags fantasques[3]
Dans le fleuve plus noir que le velours des masques ;
Et le contemplateur sur le haut garde-fou
Par l'air et par les ans rouillé comme un vieux sou
Se penche, en proie aux vents néfastes de l'abîme.
Pensée, espoir serein, ambition sublime,
Tout, jusqu'au souvenir, tout s'envole, tout fuit,
Et l'on est seul avec Paris, l'Onde et la Nuit !

ooo

1. La plastique : la forme esthétique.

2. Nue : nuée, nuages.

3. Fantasques : bizarres, fantaisistes.

– Sinistre trinité ! De l'ombre dures portes !
Mané-Thécel-Pharès[1] des illusions mortes !
Vous êtes toutes trois, ô Goules[2] de malheur,
Si terribles, que l'Homme, ivre de la douleur
Que lui font en perçant sa chair vos doigts de spectre,
L'Homme, espèce d'Oreste[3] à qui manque une Électre[3],
Sous la fatalité de votre regard creux
Ne peut rien et va droit au précipice affreux ;
Et vous êtes aussi toutes trois si jalouses
De tuer et d'offrir au grand Ver des épouses
Qu'on ne sait que choisir entre vos trois horreurs,
Et si l'on craindrait moins périr par les terreurs ;
Ou dans tes bras fardés, Paris, reine du monde !

– Et tu coules toujours, Seine, et, tout en rampant,
Tu traînes dans Paris ton cours de vieux serpent,
De vieux serpent boueux, emportant vers tes havres[4]
Tes cargaisons de bois, de houille et de cadavres !

1. **Mané-Thécel-Pharès** : pour le punir des sacrilèges que Balthazar, roi de Babylone, avait commis, une main invisible avait écrit ces trois mots sur la muraille de la salle royale : « Tes jours sont comptés. Tu fus un roi trop inconséquent. Ton royaume sera partagé. » Dans la nuit, Cyrus prit la ville, tua Balthazar dont le royaume fut partagé entre les Perses et les Mèdes.

2. **Goules** : vampires femelles dévorant, selon la tradition, les cadavres dans les cimetières.

3. **Oreste, Électre** : le fils et la fille d'Agamemnon qui tuèrent leur mère Clytemnestre, coupable d'avoir fait assassiner son mari et leur père, et d'avoir pris un amant en la personne d'Égisthe. C'est l'un des plus célèbres épisodes de la légende des Atrides.

4. **Havres** : ports.

Marco[1]

Quand Marco passait, tous les jeunes hommes
Se penchaient pour voir ses yeux, des Sodomes[2]
Où les feux d'Amour brûlaient sans pitié
Ta pauvre cahute[3], ô froide Amitié ;
Tout autour dansaient des parfums mystiques
Où l'âme en pleurant s'anéantissait ;
Sur ses cheveux roux un charme glissait ;
Sa robe rendait d'étranges musiques
Quand Marco passait.

Quand Marco chantait, ses mains sur l'ivoire
Évoquaient souvent la profondeur noire
Des airs primitifs que nul n'a redits,
Et sa voix montait dans les paradis
De la symphonie immense des rêves,
Et l'enthousiasme alors transportait
Vers des cieux *connus* quiconque écoutait
Ce timbre d'argent qui vibrait sans trêves,
Quand Marco chantait.

Quand Marco pleurait, ses terribles larmes
Défiaient l'éclat des plus belles armes ;
Ses lèvres de sang fonçaient leur carmin[4]
Et son désespoir n'avait rien d'humain ;
Pareil au foyer que l'huile exaspère,

○○○

1. **Marco** : courtisane, héroïne d'un drame, alors à la mode, de Barrière et Thiboult : *Les Filles de marbre* (1853).

2. **Des Sodomes** : dans l'Ancien Testament, le châtiment divin s'abat sur la ville biblique de Sodome, en raison de la sodomie et de l'homosexualité de ses habitants.

3. **Cahute** : cabane.

4. **Carmin** : couleur rouge vif.

Son courroux croissait, rouge, et l'on aurait
Dit d'une lionne à l'âpre forêt
Communiquant sa terrible colère,
Quand Marco pleurait.

Quand Marco dansait, sa jupe moirée[1]
Allait et venait comme une marée,
Et, tel qu'un bambou flexible, son flanc
Se tordait, faisant saillir son sein blanc :
Un éclair partait. Sa jambe de marbre,
Emphatiquement[2] cynique, haussait
Ses mates splendeurs, et cela faisait
Le bruit du vent de la nuit dans un arbre,
Quand Marco dansait.

Quand Marco dormait, oh ! quels parfums d'ambre
Et de chairs mêlés opprimaient la chambre !
Sous les draps la ligne exquise du dos
Ondulait, et dans l'ombre des rideaux
L'haleine montait, rythmique et légère ;
Un sommeil heureux et calme fermait
Ses yeux, et ce doux mystère charmait
Les vagues objets parmi l'étagère,
Quand Marco dormait.

1. **Moirée** : ondoyante et chatoyante.
2. **Emphatiquement** : exagérément

Mais quand elle aimait, des flots de luxure
Débordaient, ainsi que d'une blessure
Sort un sang vermeil qui fume et qui bout,
De ce corps cruel que son crime absout ;
Le torrent rompait les digues de l'âme,
Noyait la pensée, et bouleversait
Tout sur son passage, et rebondissait
Souple et dévorant comme de la flamme,
Et puis se glaçait.

César Borgia[1]
Portrait en pied[2]

Sur fond sombre noyant un riche vestibule
Où le buste d'Horace[3] et celui de Tibulle[4],
Lointains et de profil, rêvent en marbre blanc,
La main gauche au poignard et la main droite au flanc,
Tandis qu'un rire doux redresse la moustache,
Le duc CÉSAR en grand costume se détache.
Les yeux noirs, les cheveux noirs et le velours noir
Vont contrastant, parmi l'or somptueux d'un soir,
Avec la pâleur mate et belle du visage
Vu de trois quarts et très ombré, suivant l'usage
Des Espagnols ainsi que des Vénitiens
Dans les portraits de rois et de patriciens[5].
Le nez palpite, fin et droit. La bouche, rouge,
Est mince, et l'on dirait que la tenture bouge
Au souffle véhément qui doit s'en exhaler.
Et le regard, errant avec laisser-aller
Devant lui, comme il sied aux anciennes peintures,
Fourmille de pensers énormes d'aventures.
Et le front, large et pur, sillonné d'un grand pli,
Sans doute de projets formidables rempli,
Médite sous la toque où frissonne une plume
Émise hors d'un nœud de rubis qui s'allume.

---

1. César Borgia : (1476-1507), prince italien, violent et sanguinaire, fils naturel du pape Alexandre VI.

2. Portrait en pied : tableau représentant quelqu'un debout, des pieds à la tête.

3. Horace : (65-8 avant J.-C.), poète latin, auteur notamment de satires.

4. Tibulle : (48-18 avant J.-C.), poète latin.

5. Patriciens : nobles.

La Mort de Philippe II[1]

À Louis-Xavier de Ricard[2].

Le coucher d'un soleil de septembre ensanglante
La plaine morne et l'âpre arête des sierras[3]
Et de la brume au loin l'installation lente.

Le Guadarrama[4] pousse entre les sables ras
Son flot hâtif qui va réfléchissant par places
Quelques oliviers nains tordant leurs maigres bras.

Le grand vol anguleux des éperviers rapaces
Raye à l'ouest le ciel mat et rouge qui brunit,
Et leur cri rauque grince à travers les espaces.

Despotique, et dressant au-devant du zénith[5]
L'entassement brutal de ses tours octogones,
L'Escurial[6] étend son orgueil de granit.

Les murs carrés, percés de vitraux monotones,
Montent droits, blancs et nus, sans autres ornements
Que quelques grils sculptés qu'alternent des couronnes.

ooo

1. **Philippe II** : (1527-1598), roi d'Espagne et, à partir de 1580, du Portugal, ardent défenseur de la Contre-Réforme catholique.

2. **Louis-Xavier de Ricard** : (1843-1911), poète républicain et très anticlérical, ami de Verlaine.

3. **Sierras** : chaînes de montagnes.

4. **Guadarrama** : fleuve de la sierra du même nom et qui traverse Madrid.

5. **Zénith** : le point le plus haut de la course d'un astre.

6. **Escurial** : tout à la fois monastère et palais royal, à quelque 45 m de Madrid, où mourut Philippe II.

Avec des bruits pareils aux rudes hurlements
D'un ours que des bergers navrent[1] de coups de pioches
Et dont l'écho redit les râles alarmants,

Torrent de cris roulant ses ondes sur les roches,
Et puis s'évaporant en des murmures longs,
Sinistrement dans l'air du soir tintent les cloches.

Par les cours du palais, où l'ombre met ses plombs,
Circule – tortueux serpent hiératique[2] –
Une procession de moines aux frocs blonds

Qui marchent un par un, suivant l'ordre ascétique
Et qui, pieds nus, la corde aux reins, un cierge en main,
Ululent[3] d'une voix formidable un cantique.

– Qui donc ici se meurt ? Pour qui sur le chemin
Cette paille épandue et ces croix long-voilées
Selon le rituel catholique romain ? –

La chambre est haute, vaste et sombre. Niellées[4],
Les portes d'acajou massif tournent sans bruit,
Leurs serrures étant, comme leurs gonds, huilées.

Une vague rougeur plus triste que la nuit
Filtre à rais[5] indécis par les plis des tentures
À travers les vitraux où le couchant reluit,

Et fait papilloter sur les architectures,
À l'angle des objets, dans l'ombre du plafond,
Ce halo singulier qu'on voit dans les peintures.

---

1. Navrent : blessent.

2. Hiératique : sacré.

3. Ululent : ou hululent, crient comme des oiseaux de nuit, la chouette par exemple.

4. Niellées : recouvertes d'émail noir.

5. Rais : rayons.

Parmi le clair-obscur transparent et profond
S'agitent effarés des hommes et des femmes
À pas furtifs, ainsi que les hyènes font.

Riches, les vêtements des seigneurs et des dames,
Velours, panne[1], satin, soie, hermine et brocart[2],
Chantent l'ode du luxe en chatoyantes gammes,

Et, trouant par éclairs distancés avec art
L'opaque demi-jour, les cuirasses de cuivre
Des gardes alignés scintillent de trois quart.

Un homme en robe noire, à visage de guivre[3],
Se penche, en caressant de la main ses fémurs,
Sur un lit, comme l'on se penche sur un livre.

Des rideaux de drap d'or roides comme des murs
Tombent d'un dais de bois d'ébène en droite ligne,
Dardant à temps égaux l'œil des diamants durs.

Dans le lit, un vieillard d'une maigreur insigne[4]
Égrène un chapelet, qu'il baise par moment,
Entre ses doigts crochus comme des brins de vigne.

Ses lèvres font ce sourd et long marmottement,
Dernier signe de vie et premier d'agonie,
Et son haleine pue épouvantablement.

Dans sa barbe couleur d'amarante[5] ternie,
Parmi ses cheveux blancs où luisent des tons roux,
Sous son linge bordé de dentelle jaunie,

---

1. Panne : fourrure souvent employée comme doublure.
2. Brocart : tissu de soie rehaussé de dessins en fils d'or et d'argent.
3. Guivre : animal fantastique, ayant un corps de serpent et des ailes de chauve-souris.
4. Insigne : exceptionnelle.
5. Amarante : rouge pourpre.

Avides, empressés, fourmillants et jaloux
De pomper tout le sang malsain du mourant fauve,
En bataillons serrés vont et viennent les poux.

C'est le Roi, ce mourant qu'assiste un mire[1] chauve,
Le Roi Philippe Deux d'Espagne, – saluez ! –
Et l'aigle autrichien s'effare dans l'alcôve,

Et de grands écussons, aux murailles cloués,
Brillent, et maints drapeaux où l'oiseau noir s'étale
Pendent de çà de là, vaguement remués !...

– La porte s'ouvre. Un flot de lumière brutale
Jaillit soudain, déferle et bientôt s'établit
Par l'ampleur de la chambre en nappe horizontale ;

Porteurs de torches, roux, et que l'extase emplit,
Entrent dix capucins[2] qui restent en prière :
Un d'entre eux se détache et marche droit au lit.

Il est grand, jeune et maigre, et son pas est de pierre,
Et les élancements farouches de la Foi
Rayonnent à travers les cils de sa paupière ;

Son pied ferme et pesant et lourd, comme la Loi,
Sonne sur les tapis, régulier, emphatique :
Les yeux baissés en terre, il marche droit au Roi.

Et tous sur son trajet dans un geste extatique[3]
S'agenouillent, frappant trois fois du poing leur sein ;
Car il porte avec lui le sacré Viatique[4].

1. **Mire** : médecin, au Moyen Âge.
2. **Capucins** : moines appartenant à une branche réformée des Franciscains.
3. **Extatique** : qui exprime l'extase, la béatitude.
4. **Viatique** : sacrement de l'Eucharistie administré aux mourants.

Du lit s'écarte avec respect le matassin[1],
Le médecin du corps, en pareille occurrence,
Devant céder la place, Âme, à ton médecin.

La figure du Roi, qu'étire la souffrance,
À l'approche du fray[2] se rassérène[3] un peu,
Tant la religion est grosse d'espérance !

Le moine cette fois ouvrant son œil de feu
Tout brillant de pardons mêlés à des reproches,
S'arrête, messager des justices de Dieu.

– Sinistrement dans l'air du soir tintent les cloches.

Et la Confession commence. Sur le flanc
Se retournant, le Roi, d'un ton sourd, bas et grêle,
Parle de feux, de juifs, de bûchers et de sang.

– « Vous repentiriez-vous par hasard de ce zèle ?
» Brûler des juifs, mais c'est une dilection[4] !
» Vous fûtes, ce faisant, orthodoxe[5] et fidèle. » –

Et se pétrifiant dans l'exaltation,
Le Révérend, les bras croisés, tête baissée,
Semble l'esprit sculpté de l'Inquisition[6].

Ayant repris haleine, et d'une voix cassée,
Péniblement, et comme arrachant par lambeaux
Un remords douloureux du fond de sa pensée,

ooo

1. Matassin : médecin ridicule.
2. Fray : frère, au sens religieux du terme.
3. Se rassérène : s'apaise.
4. Dilection : acte d'amour envers Dieu.
5. Orthodoxe : respectueux de la doctrine chrétienne.
6. Inquisition : tribunal religieux institué en 1229 chargé de punir l'hérésie et l'athéisme, qui fut en Espagne particulièrement impitoyable envers les musulmans, les juifs et les protestants.

Le Roi, dont la lueur tragique des flambeaux
Éclaire le visage osseux et le front blême,
Prononce ces mots : Flandre, Albe[1], morts, sacs, tombeaux.

– « Les Flamands, révoltés contre l'Église même,
» Furent très justement punis, à votre los[2],
» Et je m'étonne, ô Roi, de ce doute suprême.

» Poursuivez. » Et le Roi parla de don Carlos[3].
Et deux larmes coulaient tremblantes sur sa joue
Palpitante et collée affreusement à l'os.

– « Vous déplorez cet acte, et moi je vous en loue !
» L'Infant[4], certes, était coupable au dernier point,
» Ayant voulu tirer l'Espagne dans la boue

» De l'hérésie anglaise[5], et de plus n'ayant point
» Frémi de conspirer – ô ruses abhorrées[6] ! –
» Et contre un Père, et contre un Maître, et contre un Oint[7] ! » –

Le moine ensuite dit les formules sacrées
Par quoi tous nos péchés nous sont remis, et puis,
Prenant l'Hostie avec ses deux mains timorées,

Sur la langue du Roi la déposa. Tous bruits
Se sont tus, et la Cour, pliant dans la détresse,
Pria, muette et pâle, et nul n'a su depuis

1. **Albe** : Fernando Alvarez de Tolède, duc d'Albe (1507-1582), gouverneur des Pays-Bas, nommé par Philippe II, qui mena de terribles persécutions contre les protestants.
2. **À votre los** : pour votre gloire.
3. **Don Carlos** : (1545-1568), fils de Philippe II que celui-ci fit emprisonner car il le soupçonnait de comploter contre lui.
4. **Infant** : titre donné aux enfants puînés (cadets) des rois d'Espagne.
5. **Hérésie anglaise** : protestantisme anglais (anglicanisme).
6. **Abhorrées** : haïes.
7. **Oint** : le Roi, qui est oint (enduit), consacré par une huile sainte.

Si sa prière fut sincère ou bien traîtresse.
– Qui dira les pensers obscurs que protégea
Ce silence, brouillard complice qui se dresse ? –

Ayant communié, le Roi se replongea
Dans l'ampleur des coussins, et de la béatitude
De l'Absolution reçue ouvrant déjà

L'œil de son âme au jour clair de la certitude,
Épanouit ses traits en un sourire exquis
Qui tenait de la fièvre et de la quiétude.

Et tandis qu'alentour ducs, comtes et marquis,
Pleins d'angoisses, fichaient[1] leurs yeux sous la courtine[2],
L'âme du Roi mourant montait aux cieux conquis.

Puis le râle des morts hurla dans la poitrine
De l'auguste malade avec des sursauts fous :
Tel l'ouragan passe à travers une ruine.

Et puis, plus rien ; et puis, sortant par mille trous,
Ainsi que des serpents frileux de leur repaire,
Sur le corps froid les vers se mêlèrent aux poux.

– Philippe Deux était à la droite du Père.

1. Fichaient : plantaient.
2. Courtine : rideau de lit.

ÉPILOGUE

I

Le soleil, moins ardent, luit clair au ciel moins dense.
Balancés par un vent automnal et berceur,
Les rosiers du jardin s'inclinent en cadence.
L'atmosphère ambiante a des baisers de sœur.

La Nature a quitté pour cette fois son trône
De splendeur, d'ironie et de sérénité :
Clémente, elle descend, par l'ampleur de l'air jaune,
Vers l'homme, son sujet pervers[1] et révolté

Du pan de son manteau que l'abîme constelle,
Elle daigne essuyer les moiteurs de nos fronts,
Et son âme éternelle et sa forme immortelle
Donnent calme et vigueur à nos cœurs mous et prompts.

Le frais balancement des ramures[2] chenues,
L'horizon élargi plein de vagues chansons,
Tout, jusqu'au vol joyeux des oiseaux et des nues[3],
Tout, aujourd'hui, console et délivre. – Pensons.

II

Donc, c'en est fait. Ce livre est clos. Chères Idées
Qui rayiez mon ciel gris de vos ailes de feu
Dont le vent caressait mes tempes obsédées,
Vous pouvez revoler devers[4] l'Infini bleu !

---

1. **Pervers** : dépravé.
2. **Ramures** : branchages d'un arbre.
3. **Nues** : nuées.
4. **Devers** : du côté de, vers.

Et toi, Vers qui tintais, et toi, Rime sonore,
Et vous, Rythmes chanteurs, et vous, délicieux
Ressouvenirs, et vous, Rêves, et vous encore,
Images qu'évoquaient mes désirs anxieux,

Il faut nous séparer. Jusqu'aux jours plus propices
Où nous réunira l'Art, notre maître, adieu,
Adieux, doux compagnons, adieu, charmants complices !
Vous pouvez revoler devers l'Infini bleu.

Aussi bien, nous avons fourni notre carrière
Et le jeune étalon[1] de notre bon plaisir,
Tout affolé qu'il est de sa course première,
A besoin d'un peu d'ombre et de quelque loisir.

– Car toujours nous t'avons fixée, ô Poésie,
Notre astre unique et notre unique passion,
T'ayant seule pour guide et compagne choisie,
Mère, et nous méfiant de l'Inspiration.

III

Ah ! l'Inspiration superbe et souveraine,
L'Égérie[2] aux regards lumineux et profonds,
Le Genium[3] commode et l'Érato[4] soudaine,
L'Ange des vieux tableaux avec des ors au fond,

ooo

1. Étalon : cheval pur-sang.
2. Égérie : conseillère, inspiratrice d'un homme politique ou d'un artiste.
3. Genium : génie.
4. Érato : une des neuf Muses de la mythologie grecque, présidant à la poésie lyrique et amoureuse.

La Muse, dont la voix est puissante sans doute,
Puisqu'elle fait d'un coup dans les premiers cerveaux[1],
Comme ces pissenlits dont s'émaille la route,
Pousser tout un jardin de poèmes nouveaux,

La Colombe, le Saint-Esprit, le saint Délire,
Les Troubles opportuns, les Transports complaisants,
Gabriel[2] et son luth, Apollon[3] et sa lyre,
Ah ! l'Inspiration, on l'invoque à seize ans !

Ce qu'il nous faut à nous, les Suprêmes Poètes
Qui vénérons les Dieux et qui n'y croyons pas,
À nous dont nul rayon n'auréola les têtes,
Dont nulle Béatrix[4] n'a dirigé les pas,

À nous qui ciselons les mots comme des coupes
Et qui faisons des vers émus très froidement,
À nous qu'on ne voit point les soirs aller par groupes
Harmonieux au bord des *lacs* et nous pâmant[5],

Ce qu'il nous faut, à nous, c'est, aux lueurs des lampes,
La science conquise et le sommeil dompté,
C'est le front dans les mains du vieux Faust[6] des estampes[7],
C'est l'Obstination et c'est la Volonté !

---

1. Premiers cerveaux : premiers cerveaux venus.

2. Gabriel : nom d'un ange, messager de Dieu dans la Bible, souvent représenté avec son luth.

3. Apollon : dieu de la musique et de la poésie dans la mythologie grecque, inspirant poètes et prophètes, accompagnant ses chants à la lyre (d'où vient le mot « lyrisme »).

4. Béatrix : (ou Béatrice) muse du poète italien Dante (1265-1321), guidant le poète vers le Paradis dans *La Divine comédie.*

5. Nous pâmant : allusion satirique au poème « Le Lac », le plus célèbre de Lamartine.

6. Faust : héros romantique, magicien, qui vendit son âme au Diable pour retrouver sa jeunesse.

7. Estampes : gravures illustrant un texte.

C'est la Volonté sainte, absolue, éternelle,
Cramponnée au projet comme un noble condor[1]
Aux flancs fumants de peur d'un buffle, et d'un coup d'aile
Emportant son trophée à travers les cieux d'or !

Ce qu'il nous faut à nous, c'est l'étude sans trêve,
C'est l'effort inouï, le combat nonpareil,
C'est la nuit, l'âpre nuit du travail, d'où se lève
Lentement, lentement, l'Œuvre, ainsi qu'un soleil !

Libre à nos Inspirés, cœurs qu'une œillade enflamme,
D'abandonner leur être aux vents comme un bouleau ;
Pauvres gens ! l'Art n'est pas d'éparpiller son âme :
Est-elle en marbre, ou non, la Vénus de Milo[2] ?

Nous donc, sculptons avec le ciseau des Pensées
Le bloc vierge du Beau, Paros[3] immaculé,
Et faisons-en surgir sous nos mains empressées
Quelque pure statue au péplos[4] étoilé,

Afin qu'un jour, frappant de rayons gris et roses
Le chef-d'œuvre serein, comme un nouveau Memnon[5],
L'Aube-Postérité, fille des Temps moroses,
Fasse dans l'air futur retentir notre nom !

---

1. **Condor** : oiseau rapace d'Amérique.

2. **Vénus de Milo** : une des plus belles satues de la déesse Vénus retrouvée dans l'île de Milo.

3. **Paros** : île grecque de la mer Égée, au marbre réputé.

4. **Péplos** : (ou péplum) ample vêtement féminin, sans manches, qui s'agrafait sur l'épaule.

5. **Memnon** : il s'agit de deux sculptures monumentales dressées à Memnon, en Égypte. Selon la légende, ces statues se mettaient à chanter au lever du soleil quand elles en recevaient les premiers rayons.

Fêtes galantes

L'expression « fêtes galantes » désigne un genre pictural où, dans un décor champêtre, volontiers luxuriant, des jeunes gens de la bonne société s'adonnent à la danse, aux confidences et jeux galants. Le peintre Antoine Watteau fut le maître de ce genre.

Clair de lune

Votre âme est un paysage choisi
Que vont[1] charmant masques et bergamasques[2]
Jouant du luth et dansant et quasi
Tristes sous leurs déguisements fantasques[3].

Tout en chantant sur le mode mineur
L'amour vainqueur et la vie opportune[4],
Ils n'ont pas l'air de croire à leur bonheur
Et leur chanson se mêle au clair de lune,

Au calme clair de lune triste et beau,
Qui fait rêver les oiseaux dans les arbres
Et sangloter d'extase les jets d'eau,[5]
Les grands jets d'eau sveltes parmi les marbres.

---

1. **Que vont** : où vont (archaïsme).
2. **Bergasmasques** : danses populaires en vogue dans la ville italienne de Bergame, dont les habitants se nomment aussi des Bergamasques. Verlaine joue ici sur les deux sens du mot.
3. **Fantasques** : capricieux.
4. **Opportune** : qui vient au bon moment.
5. A cause de JUL

« Clair de lune »

Paysage et état d'âme

1

Quelle évolution se dessine d'une strophe à l'autre ?

• Le premier quatrain assimile l'âme à un paysage, décor lui-même d'une fête galante . Y règne une **apparence heureuse**, qui ne correspond pas toutefois à la réalité. Le vers 4 introduit une dissonance, marquée par le rejet de « tristes », la coupe (2 + 8) qui déséquilibre le vers et le désagréable jeu des sifflantes [s].

• Le deuxième quatrain prolonge, en « mode mineur », **l'opposition entre l'apparence et la réalité**. Les vers 6 et 7 forment contraste. Une **synesthésie** s'établit entre les sons et la lumière du clair de lune.

• Le troisième quatrain élargit la scène aux dimensions d'un parc, où tout est **beauté, harmonie et froideur**.

2

En quoi ce poème s'apparente-t-il à une transcription musicale ?

• Les **champs lexicaux** font une large place à la **musique** : « bergamasques », « luth », « chant » et « chanson ».

• Le **jeu des sonorités** est savamment **orchestré**. Le son [ã] domine dans le premier quatrain ; celui en [eur] dans le deuxième ; et celui en [o] dans le dernier.

• Les **rythmes** sont variés : **fluide** dans le vers 1 ; **dansant** dans le vers 3 ; **déséquilibré** dans le vers 4. Ils se font **réguliers** (sur le modèle 4 + 6) dans le deuxième quatrain ; et de plus en **amples** dans le dernier.

3

En quoi ce poème relève-t-il de l'esthétique symboliste ?

• Le « paysage », le réel, renvoie à un au-delà de lui-même. Le parc devient une **métaphore de la vie intérieure** (v. 1).

• C'est par ailleurs le **règne de l'incertain** (« ils n'ont pas l'air ») et de **l'indéfinissable** (v. 11). Une **angoisse** sans cause apparente en émane.

• **Sons et couleurs** ne sont enfin **jamais appuyés** : « mode mineur » du chant ; pâleur de la Lune.

DÉFINITION CLÉ

• **Le rejet** : procédé qui consiste à « rejeter » dans le vers suivant un élément de phrase nécessaire à la compréhension de celle-ci.

• **La coupe** : forte pause à l'intérieur d'un vers.

• **L'oxymore** : figure de style qui associe des mots en principe contradictoires.

Pantomime[1]

Pierrot[2], qui n'a rien d'un Clitandre[3],
Vide un flacon sans plus attendre,
Et, pratique, entame un pâté.

Cassandre[4], au fond de l'avenue,
Verse une larme méconnue
Sur son neveu déshérité.

Ce faquin d'Arlequin[5] combine
L'enlèvement de Colombine
Et pirouette quatre fois.

Colombine rêve, surprise
De sentir un cœur dans la brise
Et d'entendre en son cœur des voix.

1. **Pantomime** : spectacle de mimes.

2. **Pierrot** : personnage traditionnel du valet naïf et amoureux de Colombine de la comédie italienne.

3. **Clitandre** : personnage de jeune premier dans les comédies de Corneille et de Molière.

4. **Cassandre** : personnage du vieillard ridicule de la comédie italienne.

5. **Arlequin** : personnage du valet sans scrupules (faquin), rusé et coureur de jupons de la comédie italienne.

Sur l'herbe

L'abbé divague. – Et toi, marquis,
Tu mets de travers ta perruque.
– Ce vieux vin de Chypre est exquis
Moins, Camargo[1], que votre nuque.

– Ma flamme… – Do, mi, sol, la, si.
L'abbé, ta noirceur se dévoile !
– Que je meure, Mesdames, si
Je ne vous décroche une étoile !

– Je voudrais être petit chien !
– Embrassons nos bergères l'une
Après l'autre. – Messieurs, eh bien ?
– Do, mi, sol. – Hé ! bonsoir, la Lune !

1. Carmago : (1710-1770) célèbre danseuse et courtisane du XVIIIe siècle.

L'Allée

Fardée et peinte comme au temps des bergeries[1],
Frêle parmi les nœuds énormes de rubans,
Elle passe, sous les ramures[2] assombries,
Dans l'allée où verdit la mousse des vieux bancs,
Avec mille façons et mille afféteries[3]
Qu'on garde d'ordinaire aux perruches[4] chéries.
Sa longue robe à queue est bleue, et l'éventail
Qu'elle froisse en ses doigts fluets[5] aux larges bagues
S'égaie en des sujets érotiques, si vagues
Qu'elle sourit, tout en rêvant, à maint détail.
– Blonde en somme. Le nez mignon avec la bouche
Incarnadine[6], grasse et divine d'orgueil
Inconscient. – D'ailleurs, plus fine que la mouche[7]
Qui ravive l'éclat un peu niais de l'œil.

---

1. Bergeries : genre de poésies et de comédies pastorales, ayant pour thème les amours des bergers et bergères.

2. Ramures : branchages.

3. Afféteries : affectations, minauderies.

4. Perruches : femmes bavardes, tenant des propos sans intérêt.

5. Fluets : menus.

6. Incarnadine : couleur rose chair (adjectif formé sur le mot « incarnat »).

7. Mouche : petite pièce de tissu, en taffetas ou en velours noir, que l'on se collait sur le visage pour en faire ressortir la blancheur et l'éclat.

À la promenade

Le ciel si pâle et les arbres si grêles[1]
Semblent sourire à nos costumes clairs
Qui vont flottant légers, avec des airs
De nonchalance et des mouvements d'ailes.

Et le vent doux ride l'humble bassin,
Et la lueur du soleil qu'atténue
L'ombre des bas tilleuls de l'avenue
Nous parvient bleue et mourante à dessein.

Trompeurs exquis et coquettes charmantes,
Cœurs tendres, mais affranchis du serment,
Nous devisons[2] délicieusement,
Et les amants lutinent[3] les amantes,

De qui la main imperceptible sait
Parfois donner un soufflet, qu'on échange
Contre un baiser sur l'extrême phalange
Du petit doigt, et comme la chose est

Immensément excessive et farouche,
On est puni par un regard très sec,
Lequel contraste, au demeurant, avec
La moue assez clémente de la bouche.

1. Grêles : fort minces.
2. Nous devisons : nous conversons.
3. Lutinent : taquinent pour obtenir de petites privautés.

Dans la grotte

Là ! Je me tue à vos genoux !
Car ma détresse est infinie,
Et la tigresse[1] épouvantable d'Hyrcanie[2]
Est une agnelle au prix de vous.

Oui, céans[3], cruelle Clymène,
Ce glaive qui, dans maints combats,
Mit tant de Scipions et de Cyrus[4] à bas,
Va finir ma vie et ma peine !

Ai-je même besoin de lui
Pour descendre aux Champs-Élysées[5] ?
Amour perça-t-il pas de flèches aiguisées
Mon cœur, dès que votre œil m'eut lui ?

---

1. Tigresse : femme agressive et jalouse.

2. Hyrcanie : région d'Asie centrale, réputée dans l'Antiquité pour la férocité de ses habitants et de ses fauves.

3. Céans : ici (archaïsme).

4. Scipions, Cyrus : homme politique et général romain, Scipion (au singulier) fut l'adversaire malheureux de Jules César. Le grand Cyrus fonda l'empire perse. Employés au pluriel, ces noms, fréquents dans les romans héroïques du XVIIe siècle, désignent de redoutables guerriers.

5. Champs-Élysées : séjour des morts dans la mythologie gréco-romaine, où les héros goûtent un agréable repos éternel.

Les Ingénus[1]

Les hauts talons luttaient avec les longues jupes,
En sorte que, selon le terrain et le vent,
Parfois luisaient des bas de jambes, trop souvent
Interceptés ! – et nous aimions ce jeu de dupes.

Parfois aussi le dard d'un insecte jaloux
Inquiétait le col des belles sous les branches,
Et c'étaient des éclairs soudains de nuques blanches,
Et ce régal comblait nos jeunes yeux de fous.

Le soir tombait, un soir équivoque d'automne :
Les belles, se pendant rêveuses à nos bras,
Dirent alors des mots si spécieux[2], tout bas,
Que notre âme, depuis ce temps, tremble et s'étonne.

---

1. **Les ingénus** : les innocents et naïfs.
2. **Spécieux** : hypocritement séduisants.

Cortège

Un singe en veste de brocart[1]
Trotte et gambade devant elle
Qui froisse un mouchoir de dentelle
Dans sa main gantée avec art,

Tandis qu'un négrillon tout rouge
Maintient à tour de bras les pans
De sa lourde robe en suspens,
Attentif à tout pli qui bouge ;

Le singe ne perd pas des yeux
La gorge blanche de la dame,
Opulent trésor que réclame
Le torse nu de l'un des dieux ;

Le négrillon parfois soulève
Plus haut qu'il ne faut, l'aigrefin[2],
Son fardeau somptueux, afin
De voir ce dont la nuit il rêve ;

Elle va par les escaliers,
Et ne paraît pas davantage
Sensible à l'insolent suffrage[3]
De ses animaux familiers.

1. Brocart : tissu de soie brodé en fils d'or et d'argent.

2. L'aigrefin : le coquin.

3. Suffrage : témoignage de satisfaction (archaïsme).

Les Coquillages

Chaque coquillage incrusté
Dans la grotte où nous nous aimâmes
A sa particularité.

L'un a la pourpre de nos âmes
Dérobée au sang de nos cœurs
Quand je brûle et que tu t'enflammes ;

Cet autre affecte tes langueurs
Et tes pâleurs alors que, lasse,
Tu m'en veux de mes yeux moqueurs ;

Celui-ci contrefait la grâce
De ton oreille, et celui-là
Ta nuque rose, courte et grasse ;

Mais un, entre autres, me troubla.

En patinant[1]

Nous fûmes dupes, vous et moi,
De manigances mutuelles,
Madame, à cause de l'émoi
Dont l'Été férut[2] nos cervelles.

Le Printemps avait bien un peu
Contribué, si ma mémoire
Est bonne, à brouiller notre jeu,
Mais que d'une façon moins noire !

Car au printemps l'air est si frais
Qu'en somme les roses naissantes,
Qu'Amour semble entr'ouvrir exprès,
Ont des senteurs presque innocentes ;

Et même les lilas ont beau
Pousser leur haleine poivrée
Dans l'ardeur du soleil nouveau :
Cet excitant au plus récrée[3],

Tant le zéphir[4] souffle, moqueur,
Dispersant l'aphrodisiaque
Effluve, en sorte que le cœur
Chôme et que même l'esprit vaque,

ooo

1. En patinant : le verbe possède un double sens au XVIIIe siècle : patiner sur la glace et caresser, peloter.

2. Férut : frappa (passé simple du verbe férir).

3. Récrée : délasse.

4. Zéphir : doux vent d'Ouest.

Et qu'émoustillés, les cinq sens
Se mettent alors de la fête,
Mais seuls, tout seuls, bien seuls et sans
Que la crise monte à la tête.

Ce fut le temps, sous de clairs ciels,
(Vous en souvenez-vous, Madame ?)
Des baisers superficiels
Et des sentiments à fleur d'âme.

Exempts de folles passions,
Pleins d'une bienveillance amène[1],
Comme tous deux nous jouissions
Sans enthousiasme – et sans peine !

Heureux instants ! – mais vint l'Été :
Adieu, rafraîchissantes brises !
Un vent de lourde volupté
Investit nos âmes surprises.

Des fleurs aux calices vermeils[2]
Nous lancèrent leurs odeurs mûres,
Et partout les mauvais conseils
Tombèrent sur nous des ramures[3].

Nous cédâmes à tout cela,
Et ce fut un bien ridicule
Vertigo[4] qui nous affola
Tant que dura la canicule.

1. **Amène** : agréable.
2. **Calices vermeils** : enveloppes externes d'une fleur, d'un rouge vif.
3. **Ramures** : branchages.
4. **Vertigo** : fantaisie, caprice.

Rires oiseux[1], pleurs sans raisons,
Mains indéfiniment pressées,
Tristesses moites, pâmoisons,
Et quel vague dans les pensées !

L'Automne, heureusement, avec
Son jour froid et ses bises[2] rudes,
Vint nous corriger, bref et sec,
De nos mauvaises habitudes,

Et nous induisit[3] brusquement
En l'élégance réclamée
De tout irréprochable amant
Comme de toute digne aimée...

Or, c'est l'Hiver, Madame, et nos
Parieurs tremblent pour leur bourse,
Et déjà les autres traîneaux
Osent nous disputer la course.

Les deux mains dans votre manchon[4],
Tenez-vous bien sur la banquette
Et filons ! – et bientôt Fanchon[5]
Nous fleurira – quoi qu'on caquette[6] !

1. Oiseux : sans raison, sans explication.

2. Bises : vents secs et froids du nord.

3. Nous induisit : nous amena.

4. Manchon : fourreau cylindrique où une femme met ses mains pour les protéger du froid.

5. Fanchon : personnage populaire de jeune fille facile.

6. Caquette : bavarde.

Fantoches[1]

Scaramouche et Pulcinella[2]
Qu'un mauvais dessein rassembla
Gesticulent, noirs sur la lune.

Cependant l'excellent docteur
Bolonais[3] cueille avec lenteur
Des simples[4] parmi l'herbe brune.

Lors sa fille, piquant minois[5],
Sous la charmille[6], en tapinois[7],
Se glisse, demi-nue, en quête

De son beau pirate espagnol,
Dont un langoureux rossignol
Clame la détresse à tue-tête.

1. **Fantoches** : marionnettes au sens propre et, par extension, personnages faciles à manipuler.

2. **Scaramouche** : personnage du valet bouffon, habillé de noir, de la comédie italienne ; **Pulcinella** est le nom italien de Polichinelle, valet fourbe et bossu.

3. **Bolonais** : médecin de la comédie italienne.

4. **Simples** : plantes médicinales.

5. **Minois** : jeune visage plein de charme.

6. **Charmille** : tonnelle de verdure.

7. **En tapinois** : en toute discrétion.

Cythère[1]

Un pavillon à claires-voies[2]
Abrite doucement nos joies
Qu'éventent des rosiers amis ;

L'odeur des roses, faible, grâce
Au vent léger d'été qui passe,
Se mêle aux parfums qu'elle a mis ;

Comme ses yeux l'avaient promis,
Son courage est grand et sa lèvre
Communique une exquise fièvre ;

Et l'Amour comblant tout, hormis
La faim, sorbets[3] et confitures
Nous préservent des courbatures.

1. **Cythère** : île grecque consacrée à Aphrodite (Vénus), déesse de l'Amour.
2. **À claires-voies** : qui présente des jours, des vides.
3. **Sorbets** : à l'époque, boisson à base de jus de fruits et de sucre.

En bateau

L'étoile du berger tremblote
Dans l'eau plus noire et le pilote
Cherche un briquet dans sa culotte.

C'est l'instant, Messieurs, ou jamais,
D'être audacieux, et je mets
Mes deux mains partout désormais !

Le chevalier Atys[1], qui gratte
Sa guitare, à Chloris l'ingrate
Lance une œillade scélérate[2].

L'abbé confesse bas Églé[3],
Et ce vicomte déréglé
Des champs donne à son cœur la clé.

Cependant la lune se lève
Et l'esquif[4] en sa course brève
File gaîment sur l'eau qui rêve.

1. Atys : dans la pastorale grecque, Atys est amoureux de la nymphe Sangaride (que Verlaine nomme ici Chloris), laquelle ne l'aime pas en retour.

2. Scélérate : perfide, criminelle.

3. Églé : femme à la fois captive et amoureuse de Thésée, son geôlier.

4. Esquif : bateau léger.

Le Faune[1]

Un vieux faune de terre cuite
Rit au centre des boulingrins[2],
Présageant sans doute une suite
Mauvaise à ces instants sereins

Qui m'ont conduit et t'ont conduite,
– Mélancoliques pèlerins, –
Jusqu'à cette heure dont la fuite
Tournoie au son des tambourins.

1. **Faune** : petit dieu protecteur des troupeaux.
2. **Boulingrins** : parterres de gazon délimités par des bordures (de l'anglais *bowling-green*).

Mandoline

Les donneurs de sérénades[1]
Et les belles écouteuses
Échangent des propos fades
Sous les ramures chanteuses.

C'est Tircis et c'est Aminte[2],
Et c'est l'éternel Clitandre,
Et c'est Damis[3] qui pour mainte
Cruelle fait maint vers tendre.

Leurs courtes vestes de soie,
Leurs longues robes à queues,
Leur élégance, leur joie
Et leurs molles ombres bleues

Tourbillonnent dans l'extase
D'une lune rose et grise,
Et la mandoline jase
Parmi les frissons de brise.

1. **Sérénades** : chants entonnés la nuit sous les fenêtres d'une jeune fille pour la séduire.

2. **Tircis et Aminte** : noms des amoureux dans la pastorale *Aminta* du poète italien Le Tasse (1544-1595).

3. **Clitandre, Damis** : figures traditionnelles de l'amoureux transi dans les comédies.

À Clymène

Mystiques barcarolles[1],
Romances sans paroles,
Chère, puisque tes yeux,
Couleur des cieux,

Puisque ta voix, étrange
Vision qui dérange
Et trouble l'horizon

De ma raison,
Puisque l'arôme insigne
De ta pâleur de cygne,
Et puisque la candeur
De ton odeur,

Ah ! puisque tout ton être,
Musique qui pénètre,
Nimbes[2] d'anges défunts,
Tons et parfums,

A, sur d'almes[3] cadences,
En ses correspondances
Induit mon cœur subtil,
Ainsi soit-il !

1. **Barcarolles** : chants des gondoliers vénitiens.
2. **Nimbes** : halos de lumière.
3. **Almes** : vénérables (latinisme).

Lettre

Éloigné de vos yeux, Madame, par des soins
Impérieux (j'en prends tous les dieux à témoins),
Je languis et me meurs, comme c'est ma coutume
En pareil cas, et vais, le cœur plein d'amertume,
À travers des soucis où votre ombre me suit,
Le jour dans mes pensers, dans mes rêves la nuit,
Et la nuit et le jour, adorable Madame !
Si bien qu'enfin, mon corps faisant place à mon âme,
Je deviendrai fantôme à mon tour aussi, moi,
Et qu'alors, et parmi le lamentable émoi
Des enlacements vains et des désirs sans nombre,
Mon ombre se fondra pour jamais en votre ombre.

En attendant, je suis, très chère, ton valet.

Tout se comporte-t-il là-bas comme il te plaît,
Ta perruche, ton chat, ton chien ? La compagnie
Est-elle toujours belle, et cette Silvanie
Dont j'eusse aimé l'œil noir si le tien n'était bleu,
Et qui parfois me fit des signes, palsambleu[1] !
Te sert-elle toujours de douce confidente ?

---

1. Palsambleu : juron signifiant « Par le sang de Dieu ».

Or, Madame, un projet impatient me hante
De conquérir le monde et tous ses trésors pour
Mettre à vos pieds ce gage – indigne – d'un amour
Égal à toutes les flammes les plus célèbres
Qui des grands cœurs aient fait resplendir les ténèbres.
Cléopâtre[1] fut moins aimée, oui, sur ma foi !
Par Marc-Antoine et par César que vous par moi,
N'en doutez pas, Madame, et je saurai combattre
Comme César pour un sourire, ô Cléopâtre,
Et comme Antoine fuir au seul prix d'un baiser.

Sur ce, très chère, adieu. Car voilà trop causer,
Et le temps que l'on perd à lire une missive
N'aura jamais valu la peine qu'on l'écrive.

1. Cléopâtre : reine d'Égypte qui eut pour amants successifs Jules César et Marc-Antoine.

Les Indolents[1]

– Bah ! malgré les destins jaloux,
Mourons ensemble, voulez-vous ?
– La proposition est rare.

– Le rare est le bon. Donc mourons
Comme dans les Décamérons[2].
– Hi ! hi ! hi ! quel amant bizarre !

– Bizarre, je ne sais. Amant
Irréprochable, assurément.
Si vous voulez, mourons ensemble ?

– Monsieur, vous raillez mieux encor
Que vous n'aimez, et parlez d'or ;
Mais taisons-nous, si bon vous semble ! –

Si bien que ce soir-là Tircis[3]
Et Dorimène[4], à deux assis
Non loin de deux sylvains[5] hilares,

Eurent l'inexpiable tort
D'ajourner une exquise mort.
Hi ! hi ! hi ! les amants bizarres.

---

1. Indolents : ceux qui sont sans vigueur, physique et morale.

2. Décamérons : le *Décaméron* est un recueil de cent nouvelles volontiers érotiques du poète italien Boccace (1313-1375). Dix jeunes gens, qui ont fui la peste de leur ville pour se réfugier à la campagne, se les racontent en dix jours.

3. Tircis : nom traditionnel du berger amoureux dans la poésie pastorale.

4. Dorimène : nom traditionnel de la femme libertine.

5. Sylvains : les génies et petits dieux de la forêt dans la mythologie gréco-romaine.

Colombine[1]

Léandre[2] le sot,
Pierrot qui d'un saut
De puce
Franchit le buisson,
Cassandre[3] sous son
Capuce[4],

Arlequin aussi,
Cet aigrefin[5] si
Fantasque[6]
Aux costumes fous,
Ses yeux luisant sous
Son masque,

– Do, mi, sol, mi, fa, –
Tout ce monde va,
Rit, chante
Et danse devant
Une belle enfant
Méchante

Dont les yeux pervers
Comme les yeux verts
Des chattes
Gardent ses appas
ooo

1. Colombine : jeune fille de la comédie italienne, amoureuse tantôt d'Arlequin, valet rusé et coureur, tantôt de Pierrot, valet naïf et fidèle.
2. Léandre : nom de l'amoureux dans les comédies de Molière.
3. Cassandre : vieillard ridicule de la comédie italienne.
4. Capuce : petit capuchon.
5. Aigrefin : escroc.
6. Fantasque : capricieux.

Et disent : « À bas
        Les pattes ! »

– Eux ils vont toujours !
Fatidique cours
        Des astres,
Oh ! dis-moi vers quels
Mornes ou cruels
        Désastres

L'implacable enfant,
Preste et relevant
        Ses jupes,
La rose au chapeau,
Conduit son troupeau
        De dupes ?

L'Amour par terre

Le vent de l'autre nuit a jeté bas l'Amour [1]
Qui, dans le coin le plus mystérieux du parc,
Souriait en bandant malignement son arc,
Et dont l'aspect nous fit tant songer tout un jour !

Le vent de l'autre nuit l'a jeté bas ! Le marbre
Au souffle du matin tournoie, épars. C'est triste
De voir le piédestal, où le nom de l'artiste
Se lit péniblement parmi l'ombre d'un arbre,

Oh ! c'est triste de voir debout le piédestal
Tout seul ! Et des pensers mélancoliques vont
Et viennent dans mon rêve où le chagrin profond
Évoque un avenir solitaire et fatal.

Oh ! c'est triste ! – Et toi-même, est-ce pas ? es touchée
D'un si dolent [2] tableau, bien que ton œil frivole
S'amuse au papillon de pourpre et d'or qui vole
Au-dessus des débris dont l'allée est jonchée.

1. **L'Amour** : la statue du dieu Amour, un enfant, Éros, portant carquois et flèches.
2. **Dolent** : triste et douloureux.

En sourdine

Calmes dans le demi-jour
Que les branches hautes font,
Pénétrons bien notre amour
De ce silence profond.

Fondons nos âmes, nos cœurs
Et nos sens extasiés,
Parmi les vagues langueurs
Des pins et des arbousiers [1].

Ferme tes yeux à demi,
Croise tes bras sur ton sein,
Et de ton cœur endormi
Chasse à jamais tout dessein.

Laissons-nous persuader
Au souffle berceur et doux
Qui vient à tes pieds rider
Les ondes de gazon roux.

Et quand, solennel, le soir
Des chênes noirs tombera,
Voix de notre désespoir,
Le rossignol chantera.

---

1. Arbousiers : petits arbres méditerranéens.

Colloque[1] sentimental

Dans le vieux parc solitaire et glacé,
Deux formes ont tout à l'heure passé.

Leurs yeux sont morts et leurs lèvres sont molles,
Et l'on entend à peine leurs paroles.

Dans le vieux parc solitaire et glacé,
Deux spectres ont évoqué le passé.

– Te souvient-il de notre extase ancienne ?
– Pourquoi voulez-vous donc qu'il m'en souvienne ?

– Ton cœur bat-il toujours à mon seul nom ?
Toujours vois-tu mon âme en rêve ? – Non.

– Ah ! les beaux jours de bonheur indicible
Où nous joignions nos bouches ! – C'est possible.

– Qu'il était bleu, le ciel, et grand, l'espoir !
– L'espoir a fui, vaincu, vers le ciel noir.

Tels ils marchaient dans les avoines folles,
Et la nuit seule entendit leurs paroles.

1. **Colloque** : conversation entre deux ou plusieurs personnes.

Fêtes galantes

Un jeu de séduction ambigu

1

Quels sont les décors des « fêtes galantes » ?

• Un **parc à la française** (c'est-à-dire une nature agrémentée, domestiquée, qui n'a rien de sauvage), avec des bassins et des « jets d'eau » dans « Clair de lune » (p. 85) ; « L'Allée » (p. 89) ; « À la promenade » (p. 90) ; « Sur l'herbe » (p. 88)...
• Une **grotte artificielle**, comme il y en avait dans le parc du château de Versailles : « Dans la grotte » (p. 91) ; « Les Coquillages » (p. 94).
• Un **pavillon à claires-voies** : « Cythère » (p. 99).
• Des lieux qui évoquent des **scènes de théâtre** où évoluent les personnages de la comédie italienne : « Pantomime » (p. 87) ; « Fantoches » (p. 98).

2

En quoi ces fêtes sont-elles « galantes » ?

• Tous les poèmes ont l'**amour pour sujet** et ses différentes nuances.
• Souvent il s'agit d'un jeu auquel tous se prêtent de bonne grâce et personne n'accorde d'importance. De là, des poèmes légèrement moqueurs comme « Sur l'herbe » ou « Dans la grotte », « Les Indolents » (p. 106), ou encore dans « En patinant » (p. 95) : « Nous cédâmes à tout cela / Et ce fut un bien ridicule / Vertigo qui nous affola / Tant que dura la canicule. »

3

En quoi ces « fêtes » sont-elles dangereuses ?

• Comme tout jeu, ces fêtes n'ont **rien d'innocent** pour certains : les danseurs ne croient pas à leur bonheur dans « Clair de lune » ; un rossignol « clame la détresse à tue-tête » (« Fantoches »). « Colloque sentimental » (p. 111) n'a plus **rien de sentimental**, effaçant jusqu'au souvenir même de la passion.

DÉFINITION CLÉ

La commedia dell'arte

• C'est une **forme de comédie improvisée** où dominent la gestuelle, la « pantomime », et où l'amour use sans scrupules de toutes les ruses pour parvenir à ses fins.

• **Pierrot, Arlequin, Colombine, Cassandre** sont des personnages de la *commedia dell'arte* italienne des XVIe et XVIIIe siècles.

Romances sans paroles

Ariettes[1] oubliées

I

Le vent dans la plaine
Suspend son haleine.
(Favart[2].)

C'est l'extase langoureuse,
C'est la fatigue amoureuse,
C'est tous les frissons des bois
Parmi l'étreinte des brises,
C'est, vers les ramures[3] grises,
Le chœur des petites voix.

Ô le frêle et frais murmure !
Cela gazouille et susurre,
Cela ressemble au cri doux
Que l'herbe agitée expire…
Tu dirais, sous l'eau qui vire,
Le roulis sourd des cailloux.

°°°

---

1. **Ariette** : air léger et vif, chanté par une seule voix et accompagné d'un seul instrument, fréquent dans les comédies et opéras des XVIIe et XVIIIe siècles.

2. **Charles-Simon Favart** : (1710-1792), auteur de comédies à ariettes et directeur de l'Opéra-comique en 1757. L'épigraphe provient de son opéra-comique : *Le Caprice amoureux* (1757).

3. **Ramures** : branchages d'un arbre.

Cette âme qui se lamente
En cette plainte dormante
C'est la nôtre, n'est-ce pas ?
La mienne, dis, et la tienne,
Dont s'exhale l'humble antienne[1]
Par ce tiède soir, tout bas ?

1. **Antienne** : refrain repris par le chœur lors d'un office religieux.

II

Je devine, à travers un murmure,
Le contour subtil des voix anciennes
Et dans les lueurs musiciennes,
Amour pâle, une aurore future !

Et mon âme et mon cœur en délires
Ne sont plus qu'une espèce d'œil double
Où tremblote à travers un jour trouble
L'ariette, hélas ! de toutes lyres !

Ô mourir de cette mort seulette
Que s'en vont, – cher amour qui t'épeures[1], –
Balançant jeunes et vieilles heures !
Ô mourir de cette escarpolette[2] !

1. Qui t'épeures : qui t'effraies.

2. Escarpolette : petite balançoire, présente dans les tableaux de Watteau ou de Fragonard, qui symbolise les hésitations (les balancements) du cœur.

III

Il pleut doucement sur la ville.
(Arthur Rimbaud[1].)

Il pleure dans mon cœur
Comme il pleut sur la ville ;
Quelle est cette langueur
Qui pénètre mon cœur ?

Ô bruit doux de la pluie
Par terre et sur les toits !
Pour un cœur qui s'ennuie
Ô le chant de la pluie !

Il pleure sans raison
Dans ce cœur qui s'écœure.
Quoi ! nulle trahison ?...
Ce deuil est sans raison.

C'est bien la pire peine
De ne savoir pourquoi
Sans amour et sans haine
Mon cœur a tant de peine !

1. Verlaine attribue faussement cette épigraphe à Rimbaud, due plus vraisemblablement au poète américain Henry Longfellow (1807-1882).

IV

De la douceur, de la douceur, de la douceur.
(Inconnu[1].)

Il faut, voyez-vous, nous pardonner les choses :
De cette façon nous serons bien heureuses
Et si notre vie a des instants moroses[2],
Du moins nous serons, n'est-ce pas ? deux pleureuses.

Ô que nous mêlions, âmes sœurs que nous sommes,
À nos vœux confus la douceur puérile
De cheminer loin des femmes et des hommes,
Dans le frais oubli de ce qui nous exile !

Soyons deux enfants, soyons deux jeunes filles
Éprises de rien et de tout étonnées
Qui s'en vont pâlir sous les chastes charmilles[3]
Sans même savoir qu'elles sont pardonnées.

---

1. Inconnu : il s'agit de Verlaine qui reprend ici le premier vers de « Lassitude » des *Poèmes saturniens.*

2. Moroses : tristes.

3. Charmilles : tonnelles de verdure.

V

Son joyeux, importun, d'un clavecin sonore.
(Pétrus Borel[1].)

Le piano que baise une main frêle
Luit dans le soir rose et gris vaguement,
Tandis qu'avec un très léger bruit d'aile
Un air bien vieux, bien faible et bien charmant
Rôde discret, épeuré[2] quasiment,
Par le boudoir[3] longtemps parfumé d'Elle.

Qu'est-ce que c'est que ce berceau soudain
Qui lentement dorlote mon pauvre être ?
Que voudrais-tu de moi, doux Chant badin[4] ?
Qu'as-tu voulu, fin refrain incertain
Qui vas tantôt mourir vers la fenêtre
Ouverte un peu sur le petit jardin ?

1. Pétrus Borel : (1809-1859), poète romantique, auteur du recueil *Rhapsodies* (1832) comportant le poème « Doléance », d'où ce vers est extrait.

2. Épeuré : apeuré.

3. Boudoir : à l'origine, petite pièce raffinée où la maîtresse de maison se retirait pour être seule ou converser avec des intimes. Depuis le marquis de Sade (1740-1814) et sa *Philosophie dans le boudoir* (1795), le mot avait pris une coloration nettement érotique.

4. Badin : anjoué.

VI

C'est le chien de Jean de Nivelle[1]
Qui mord sous l'œil même du Guet[2]
Le chat de la mère Michel[3].
François-les-bas-bleus[4] s'en égaie.

La Lune à l'écrivain public
Dispense sa lumière obscure
Où Médor avec Angélique[5]
Verdissent sur le pauvre mur.

Et voici venir La Ramée[6]
Sacrant, en bon soldat du Roy.
Sous son habit blanc[7] mal famé
Son cœur ne se tient pas de joie :

Car la Boulangère[8]… – Elle ? – Oui dam[9] !
Bernant Lustucru[10], son vieil homme,

ooo

1. Jean de Nivelle : Jean III de Montmorency (1422-1477) qui, pour ne pas combattre, s'était enfui à Nivelle en Flandres. Sa lâcheté était devenue proverbiale, au point qu'on lui accola le nom de chien qui s'enfuit quand on l'appelle.

2. Guet : soldats chargés d'assurer la sécurité d'une ville la nuit au Moyen Âge.

3. ***La mère Michel*** : chanson populaire du début du XIXe siècle, laquelle mère avait perdu son chat.

4. François-les-bas-bleus : les bas-bleus étaient le pantalon que portait François, héros d'un conte de Charles Nodier en 1833, type du faux naïf, passant aux yeux de tous pour l'idiot du village.

5. Médor, Angélique : deux amoureux du *Roland furieux* (1502) de l'Arioste, qui gravaient leurs noms sur tous les arbres.

6. La Ramée : surnom traditionnel donné aux soldats

7. Habit blanc : uniforme des troupes du Roi.

8. La Boulangère : femme volage dans la tradition populaire.

9. Oui dam : déformation de l'expression populaire de « oui-da »

10. Bernant Lustucru : surnom traditionnel du mari trompé par sa femme.

A tantôt couronné sa flamme...
Enfants, *Dominus vobiscum*[1] *!*

Place ! En sa longue robe bleue
Toute en satin qui fait frou-frou,
C'est une impure, palsambleu[2] !
Dans sa chaise qu'il faut qu'on loue,

Fût-on philosophe ou grigou[3],
Car tant d'or s'y relève en bosse
Que ce luxe insolent bafoue
Tout le papier de Monsieur Los[4] !

Arrière, robin[5] crotté ! place,
Petit courtaud[6], petit abbé,
Petit poète jamais las
De la rime non attrapée !...

Voici que la nuit vraie arrive...
Cependant jamais fatigué
D'être inattentif et naïf,
François-les-bas-bleus s'en égaie[7].

1. ***Dominus vobiscum*** : « Que le Seigneur soit avec vous ! », formule latine du rite catholique.

2. **Palsambleu** : juron courant dans les comédies, et qui est une déformation volontaire de l'expression « Par le sang de Dieu », considérée comme sacrilège.

3. **Grigou** : avare.

4. **Monsieur Los** : il s'agit de John Law (1671-1729), financier qui, le premier, introduisit le papier-monnaie ; il s'ensuivit une banqueroute, qui le rendit à jamais impopulaire.

5. **Robin** : ici le poète.

6. **Courtaud** : commis de boutique. Mais on dit aussi d'un chien ou d'un cheval qu'il est courtaud quand on lui a coupé les oreilles et la queue. Il peut donc y avoir une allusion sexuelle.

7. **S'en égaie** : s'en réjouit.

VII

Ô triste, triste était mon âme
À cause, à cause d'une femme.

Je ne me suis pas consolé
Bien que mon cœur s'en soit allé,

Bien que mon cœur, bien que mon âme
Eussent fui loin de cette femme.

Je ne me suis pas consolé,
Bien que mon cœur s'en soit allé.

Et mon cœur, mon cœur trop sensible
Dit à mon âme : Est-il possible,

Est-il possible, – le fût-il, –
Ce fier[1] exil, ce triste exil ?

Mon âme dit à mon cœur : Sais-je
Moi-même que nous veut ce piège

D'être présents bien qu'exilés,
Encore que loin en allés ?

1. Fier : cruel.

VIII

Dans l'interminable
Ennui de la plaine
La neige incertaine
Luit comme du sable.

Le ciel est de cuivre
Sans lueur aucune.
On croirait voir vivre
Et mourir la lune.

Comme des nuées
Flottent gris les chênes[1]
Des forêts prochaines
Parmi les buées.

Le ciel est de cuivre
Sans lueur aucune.
On croirait voir vivre
Et mourir la lune.

Corneille poussive[2]
Et vous, les loups maigres,
Par ces bises aigres[3]
Quoi donc vous arrive ?

Dans l'interminable
Ennui de la plaine
La neige incertaine
Luit comme du sable.

---

1. **Chênes** : le sujet inversé de « flottent ».
2. **Corneille poussive** : oiseau du genre corbeau, qui ici se traîne, qui est donc « poussive ».
3. **Aigres** : vifs, piquants.

IX

Le rossignol qui du haut d'une branche se regarde dedans, croit être tombé dans la rivière. Il est au sommet d'un chêne et toutefois il a peur de se noyer.
(Cyrano de Bergerac[1].)

L'ombre des arbres dans la rivière embrumée
Meurt comme de la fumée
Tandis qu'en l'air, parmi les ramures réelles,
Se plaignent les tourterelles.

Combien, ô voyageur, ce paysage blême
Te mira[2] blême toi-même,
Et que tristes pleuraient dans les hautes feuillées
Tes espérances noyées !

Mai, juin 72.

1. Cyrano de Bergerac : (1619-1655), philosophe libertin, auteur des *Lettres satiriques et amoureuses* (1654), dont l'épigraphe est extraite.
2. Te mira : te refléta.

Ariettes oubliées

Musique et poésie

1

Quelles indications le titre donne-t-il sur la manière d'aborder le recueil ?

• Le terme de romance appartient au vocabulaire musical. Une romance sans parole désigne un morceau particulier de piano, au motif gracieux.
• L'expression « sans paroles » exclut tout ce qui est hautement et clairement dit. C'est retenir ce qui relève du murmure, de l'à peine audible, du sous-entendu.
• Le titre informe donc sur la nature du recueil : la poésie s'y fait musique et réside dans un travail en sourdine sur la voix. Au lecteur de savoir lire et écouter.

2

Quels rapports la section I des « Ariettes oubliées » entretient-elle avec le titre général du recueil ?

• La première section s'inscrit dans la droite ligne du titre. Diminutif à l'origine du mot « air », l'« ariette », née en Italie, est un petit air chanté.
• À cette première filiation s'en ajoute une autre, théâtrale celle-là : le genre du vaudeville fut longtemps appelé comédie à ariettes. Ainsi s'explique l'épigraphe à Favart (I).
• Ces « ariettes » sont enfin « oubliées » : elles viennent d'un passé ancien, imprécis, flou, comme les « romances sans paroles ».

3

Quel parcours dessinent les neuf pièces de la première section ?

• Il s'agit d'un parcours sentimental. L'extase initiale dépossède paradoxalement le poète de lui-même (II) qui ne se comprend plus (III). L'espoir d'un bonheur retrouvé (IV) provoque une nouvelle rechute dans la mélancolie et l'incompréhension de soi.

DÉFINITION CLÉ

• **Une romance** : « Toute pièce de vers moderne, en couplets, roulant sur un sujet tendre ou même plaintif, et mise en mise en musique » (Littré).

• **Un vaudeville** : au XIXe siècle, une comédie au rythme rapide, genre notamment pratiqué par Labiche et Feydeau.

• **Une épigraphe** : courte citation placée en tête d'un livre, d'un chapitre ou d'un poème.

Paysages belges

« Conquestes du Roy. »
(Vieilles estampes[1].)

Walcourt[2]

Briques et tuiles,
Ô les charmants
Petits asiles
Pour les amants !

Houblons[3] et vignes
Feuilles et fleurs,
Tentes insignes
Des francs buveurs !

Guinguettes claires,
Bières, clameurs,
Servantes chères
À tous fumeurs !

°°°

1. **Estampes** : vieilles gravures, destinées à illustrer un texte.
2. **Walcourt** : ville de la province de Namur, au sud de la Belgique.
3. **Houblons** : plantes dont les fleurs servent à aromatiser la bière, boisson appréciée des Belges (d'où les « francs buveurs »).

Gares prochaines,
Gais chemins grands…
Quelles aubaines,
Bons juifs-errants[1] !

Juillet 72.

1. Le juif-errant, du nom de Laquedem, est un personnage légendaire, condamné à éternellement errer pour n'avoir pas secouru le Christ, lors de son chemin de croix. C'est donc un personnage maudit, dont Verlaine détourne la signification en lui adjoignant le qualificatif de « bons ».

Charleroi[1]

Dans l'herbe noire
Les Kobolds[2] vont.
Le vent profond
Pleure, on veut croire.

Quoi donc se sent ?
L'avoine siffle.
Un buisson gifle
L'œil au passant.

Plutôt des bouges[3]
Que des maisons.
Quels horizons
De forges rouges !

On sent donc quoi ?
Des gares tonnent,
Les yeux s'étonnent,
Où Charleroi ?

Parfums sinistres !
Qu'est-ce que c'est ?
Quoi bruissait
Comme des sistres[4] ?

ooo

1. Charleroi : ville industrielle et minière de la province du Hainaut.

2. Kobolds : figures malfaisantes de la mythologie germanique, aux mains fourchues et à la peau verte, proches des gnomes, vivant sous terre.

3. Bouges : taudis.

4. Sistres : instruments de musique à percussion de l'ancienne Égypte.

Sites brutaux !
Oh ! votre haleine,
Sueur humaine,
Cris des métaux !

Dans l'herbe noire
Les Kobolds vont.
Le vent profond
Pleure, on veut croire.

Passages belges, « Charleroi »

Dénonciation de la condition ouvrière

1

Quelle est la structure du poème ?

• Le poème se compose de **sept quatrains**, tous en tétrasyllabes (vers de quatre syllabes).
• Construites sur le **schéma ABBA**, les rimes sont dites embrassées.
• Le premier et le dernier quatrains sont identiques, donnant ainsi au poème une **forme close**.
• « Charleroi », comme tous les autres poèmes de la section, ajoute une **dimension picturale** au recueil. Lire, voir, écouter s'y mêlent étroitement.

2

Comment définir l'esthétique du poème ?

• Le poème est construit autour de la **figure mythologique** des « Kobolds », créatures monstrueuses et maléfiques, vivant sous terre, responsables des meurtriers coups de grisou dans les mines. Charleroi est alors une ville minière et industrielle.
• L'accent est mis sur le **primat des sensations** : l'odorat, le toucher, la vue et l'audition.
• À ce primat des sensations correspond inversement **l'effacement du locuteur**, réduit à un indéfini : « on », un « passant ». Le pronom neutre « quoi » et l'adverbe « plutôt » atténuent jusqu'à la faire quasiment disparaître l'instance locutrice.

3

Quelle vision se dégage du poème ?

• Le poème prend l'allure d'une **vision cauchemardesque**. Le monde industriel, moderne, y est présenté comme une **agression permanente** des sens.
• C'est une dénonciation de la **misère ouvrière** confinée dans des « bouges » et souffrante (« sueur humaine »).

DÉFINITION CLÉ

• **Le « paysage » en peinture** : l'art pictural le considère encore au XIXe siècle comme un genre mineur, tant qu'il n'est pas rehaussé par une présence humaine. Verlaine subvertit la notion : par ses références au modernisme (« gare ») et par la présence-absence des ouvriers.

• **Le vers court** : il se rattache traditionnellement au genre, considéré lui aussi comme mineur, de la chanson. Le vers court peut toutefois naître d'une dislocation d'un vers long. Par exemple un octosyllabe (8) coupé en deux (4 + 4).

Bruxelles

Simples fresques [1]

I

La fuite [2] est verdâtre et rose
Des collines et des rampes [3]
Dans un demi-jour de lampes
Qui vient brouiller toute chose.

L'or, sur les humbles abîmes,
Tout doucement s'ensanglante.
Des petits arbres sans cimes
Où quelque oiseau faible chante.

Triste à peine tant s'effacent
Ces apparences d'automne,
Toutes mes langueurs [4] rêvassent,
Que berce l'air monotone.

II

L'allée est sans fin
Sous le ciel, divin
D'être pâle ainsi :
Sais-tu qu'on serait

---

1. **Fresques** : peintures murales, dont les couleurs sont délayées à l'eau, sur un mortier frais.
2. **La fuite** : la perspective (le point de fuite).
3. **Rampes** : pentes (des collines).
4. **Langueurs** : abattements (physiques et moraux).

Bien sous le secret
De ces arbres-ci ?

Des messieurs bien mis,
Sans nul doute amis
Des Royers-Collards[1],
Vont vers le château :
J'estimerais beau
D'être ces vieillards.

Le château, tout blanc
Avec, à son flanc
Le soleil couché,
Les champs à l'entour :
Oh ! que notre amour
N'est-il là niché !

Estaminet du Jeune Renard, août 72.

---

1. **Royers-Collards** : du nom d'un homme politique Pierre-Paul Royer-Collard (1763-1845) favorable à une monarchie constitutionnelle. Le pluriel désigne les membres du parti royaliste conservateur, aux antipodes des idées révolutionnaires de Verlaine.

Bruxelles

Chevaux de bois

Par saint Gille[1]*, viens-nous-en,*
Mon agile Alezan[2] *!*
(V. Hugo[3].)

Tournez, tournez, bons chevaux de bois,
Tournez cent tours, tournez mille tours,
Tournez souvent et tournez toujours,
Tournez, tournez au son des hautbois.

Le gros soldat, la plus grosse bonne
Sont sur vos dos comme dans leur chambre,
Car en ce jour au bois de la Cambre[4]
Les maîtres sont tous deux en personne.

Tournez, tournez, chevaux de leur cœur,
Tandis qu'autour de tous vos tournois
Clignote l'œil du filou[5] sournois,
Tournez au son du piston[6] vainqueur.

---

1. **Saint-Gille** : Saint-Gille-lez-Bruxelles est un quartier défavorisé de la capitale belge.
2. **Alezan** : cheval à la robe brune.
3. Cette épigraphe est extraite du « Pas d'arme du Roi Jean » des *Odes et ballades* (1828) de Victor Hugo.
4. **Cambre** : parc de Bruxelles, lieu très mondain (les « maîtres ») de promenade.
5. **Filou** : voleur.
6. **Piston** : instrument de musique appartenant à la famille des cuivres.

C'est ravissant comme ça vous soûle
D'aller ainsi dans ce cirque bête :
Bien dans le ventre et mal dans la tête,
Du mal en masse et du bien en foule,

Tournez, tournez sans qu'il soit besoin
D'user jamais de nuls éperons
Pour commander à vos galops ronds,
Tournez, tournez, sans espoir de foin

Et dépêchez, chevaux de leur âme :
Déjà voici que la nuit qui tombe
Va réunir pigeon et colombe[1]
Loin de la foire et loin de madame.

Tournez, tournez ! le ciel en velours
D'astres en or se vêt lentement.
Voici partir l'amante et l'amant.
Tournez au son joyeux des tambours !

Champ de foire de Saint-Gilles,
août 72.

---

1. **Pigeon et colombe** : le pigeon fait écho au gros soldat et la colombe désigne une jeune fille candide.

Malines[1]

Vers les prés le vent cherche noise[2]
Aux girouettes, détail fin
Du château de quelque échevin[3],
Rouge de brique et bleu d'ardoise,
Vers les prés clairs, les prés sans fin…

Comme les arbres des féeries,
Des frênes, vagues frondaisons,
Échelonnent mille horizons
À ce Sahara de prairies,
Trèfle, luzerne et blancs gazons.

Les wagons filent en silence
Parmi ces sites apaisés.
Dormez, les vaches ! Reposez,
Doux taureaux de la plaine immense.
Sous vos cieux à peine irisés[4] !

Le train glisse sans un murmure,
Chaque wagon est un salon
Où l'on cause bas et d'où l'on
Aime à loisir cette nature
Faite à souhait pour Fénelon[5].

Août 72.

---

1. **Malines** : ville de la province d'Anvers.
2. **Cherche noise** : cherche querelle.
3. **Échevin** : conseiller municipal en Belgique.
4. **Irisés** : qui prend les couleurs du prisme.
5. **Fénelon** : (1651-1715), homme d'Église, précepteur du Dauphin (petit-fils de Louis XIV) pour l'instruction morale et politique de qui il rédigea *Les Aventures de Télémaque* (1699). Tombé en disgrâce, il séjourna un temps en Belgique. Est-ce pour cette raison que Verlaine le cite ? Ou est-ce aussi pour les nombreux tableaux champêtres figurant dans son roman ?

Birds in the night[1]

Vous n'avez pas eu toute patience :
Cela se comprend par malheur, de reste
Vous êtes si jeune ! Et l'insouciance,
C'est le lot amer de l'âge céleste !

Vous n'avez pas eu toute la douceur.
Cela par malheur d'ailleurs se comprend ;
Vous êtes si jeune, ô ma froide sœur,
Que votre cœur doit être indifférent !

Aussi, me voici plein de pardons chastes,
Non, certes ! joyeux, mais très calme en somme
Bien que je déplore en ces mois néfastes
D'être, grâce à vous, le moins heureux homme.

Et vous voyez bien que j'avais raison
Quand je vous disais, dans mes moments noirs,
Que vos yeux, foyers de mes vieux espoirs,
Ne couvaient plus rien que la trahison.

Vous juriez alors que c'était mensonge
Et votre regard qui mentait lui-même
Flambait comme un feu mourant qu'on prolonge,
Et de votre voix vous disiez : « Je t'aime ! »

Hélas ! on se prend toujours au désir
Qu'on a d'être heureux malgré la saison...
Mais ce fut un jour plein d'amer plaisir
Quand je m'aperçus que j'avais raison !

ooo

1. ***Birds in the night*** : « oiseaux dans la nuit » en anglais.

Aussi bien pourquoi me mettrais-je à geindre ?
Vous ne m'aimiez pas, l'affaire est conclue,
Et, ne voulant pas qu'on ose me plaindre,
Je souffrirai d'une âme résolue.

Oui ! je souffrirai, car je vous aimais !
Mais je souffrirai comme un bon soldat
Blessé qui s'en va dormir à jamais
Plein d'amour pour quelque pays ingrat.

Vous qui fûtes ma Belle, ma Chérie,
Encor que de vous vienne ma souffrance,
N'êtes-vous donc pas toujours ma Patrie,
Aussi jeune, aussi folle que la France ?

Or, je ne veux pas – le puis-je d'abord ? –
Plonger dans ceci mes regards mouillés.
Pourtant mon amour que vous croyez mort
A peut-être enfin les yeux dessillés.

Mon amour qui n'est plus que souvenance,
Quoique sous vos coups il saigne et qu'il pleure
Encore et qu'il doive, à ce que je pense,
Souffrir longtemps jusqu'à ce qu'il en meure,

Peut-être a raison de croire entrevoir
En vous un remords (qui n'est pas banal)
Et d'entendre dire, en son désespoir,
À votre mémoire : « Ah ! fi ! que c'est mal ! »

Je vous vois encor. J'entr'ouvris la porte.
Vous étiez au lit comme fatiguée.
Mais, ô corps léger que l'amour emporte,
Vous bondîtes nue, éplorée et gaie.

Ô quels baisers, quels enlacements fous !
J'en riais moi-même à travers mes pleurs.
Certes, ces instants seront, entre tous,
Mes plus tristes, mais aussi mes meilleurs.

Je ne veux revoir de votre sourire
Et de vos bons yeux en cette occurrence
Et de vous enfin, qu'il faudrait maudire,
Et du piège exquis, rien que l'apparence.

Je vous vois encore ! En robe d'été
Blanche et jaune avec des fleurs de rideaux.
Mais vous n'aviez plus l'humide gaîté
Du plus délirant de tous nos tantôts[1].

La petite épouse et la fille aînée
Était reparue avec la toilette
Et c'était déjà notre destinée
Qui me regardait sous votre voilette.

Soyez pardonnée ! Et c'est pour cela
Que je garde, hélas ! avec quelque orgueil,
En mon souvenir, qui vous cajola,
L'éclair de côté que coulait votre œil.

Par instants je suis le Pauvre Navire
Qui court démâté parmi la tempête
Et, ne voyant pas Notre-Dame luire,
Pour l'engouffrement[2] en priant s'apprête.

ooo

1. Tantôts : emploi vieilli comme nom masculin (d'où le pluriel), synonyme de « dans un proche avenir », « bientôt ».

2. Engouffrement : naufrage.

Par instants je meurs la mort du Pécheur
Qui se sait damné s'il n'est confessé
Et, perdant l'espoir de nul confesseur,
Se tord dans l'Enfer, qu'il a devancé.

Ô mais ! par instants, j'ai l'extase rouge
Du premier chrétien sous la dent rapace,
Qui rit à Jésus témoin, sans que bouge
Un poil de sa chair, un nerf de sa face !

Bruxelles, Londres, septembre-octobre 72.

Aquarelles[1]

Green[2]

Voici des fruits, des fleurs, des feuilles et des branches
Et puis voici mon cœur qui ne bat que pour vous.
Ne le déchirez pas avec vos deux mains blanches
Et qu'à vos yeux si beaux l'humble présent soit doux.

J'arrive tout couvert encore de rosée
Que le vent du matin vient glacer à mon front.
Souffrez que ma fatigue à vos pieds reposée
Rêve des chers instants qui la délasseront.

Sur votre jeune sein laissez rouler ma tête
Toute sonore encor de vos derniers baisers ;
Laissez-la s'apaiser de la bonne tempête,
Et que je dorme un peu puisque vous reposez.

---

1. Aquarelles : peintures légères sur papier aux couleurs délayées dans de l'eau.
2. Green : vert, en anglais.

Spleen[1]

Les roses étaient toutes rouges
Et les lierres étaient tout noirs.

Chère, pour peu que tu te bouges,
Renaissent tous mes désespoirs.

Le ciel était trop bleu, trop tendre,
La mer trop verte et l'air trop doux.

Je crains toujours, – ce qu'est d'attendre ! –
Quelque fuite atroce de vous.

Du houx à la feuille vernie
Et du luisant buis je suis las,

Et de la campagne infinie
Et de tout, fors de vous, hélas !

1. ***Spleen*** : mélancolie, cafard, en anglais (voir « Spleen et Idéal », première partie des *Fleurs du mal,* Baudelaire, 1857).

De la légèreté à l'angoisse

1

En quoi ce poème est-il une « aquarelle » ?

- Comme une aquarelle, le poème déploie toute une **palette de couleurs** : rouge, noir, vert bleu…
- Comme souvent une aquarelle, le poème se présente comme une **composition florale** (premier distique, sur fond de campagne et de bord de mer).
- **Les distiques** – qui sont en fait des quatrains coupés par moitié – donnent au poème une **apparence assez légère**, plus en harmonie avec ce que doit être une aquarelle.

2

Dans quelle mesure est-ce un poème de la mélancolie et de l'angoisse ?

- Il l'est d'abord **par son titre** : « Spleen », toujours évocateur d'une infinie tristesse de l'être.
- **Les champs lexicaux** dans le corps même du poème en expriment la présence et l'extension : « désespoirs », « atroce », « je crains », « hélas ! ».
- Mélancolie et angoisse modifient la perception des couleurs, comme l'indique la répétition de l'adverbe d'intensité « trop ». **L'aquarelle devient un état d'âme.**

3

En quoi ce poème est-il celui de l'inquiétude amoureuse ?

- Ce poème s'adresse à **la femme aimée** (« chère »), qui demeure toutefois anonyme et qui **semble progressivement s'éloigner**, comme l'indique le passage du « tu » au « vous ».
- **Le poète se désespère** de l'absence de cette femme aimée (v. 3 et 4), dont il redoute qu'elle ne soit un jour définitive. Seule, sa présence peut le sauver du dégoût de soi et du monde.
- S'il est bien une aquarelle, le poème est aussi une **chanson triste**, une « romance » sans réponse de l'être aimé.

DÉFINITION CLÉ

- **L'aquarelle** : est une peinture légère, sur papier (et non sur toile) aux couleurs délayées dans de l'eau, presque transparentes et ayant le moins d'épaisseur possible.
- **Le spleen** : d'origine anglaise, il traduit, notamment depuis Baudelaire et ses *Fleurs du mal* (1857), un état dépressif, presque morbide, de dégoût de soi et du monde.

Streets[1]

I

Dansons la gigue[2] !

J'aimais surtout ses jolis yeux,
Plus clairs que l'étoile des cieux,
J'aimais ses yeux malicieux.

Dansons la gigue !

Elle avait des façons vraiment
De désoler un pauvre amant,
Que c'en était vraiment charmant !

Dansons la gigue !

Mais je trouve encore meilleur
Le baiser de sa bouche en fleur
Depuis qu'elle est morte à mon cœur.

Dansons la gigue !

Je me souviens, je me souviens
Des heures et des entretiens,
Et c'est le meilleur de mes biens.

Dansons la gigue !

Soho[3].

1. *Streets* : rues, en anglais.
2. **Gigue** : danse rapide, d'origine anglaise.
3. **Soho** : quartier populaire de Londres.

II

Ô la rivière[1] dans la rue!
Fantastiquement apparue
Derrière un mur haut de cinq pieds[2],
Elle roule sans un murmure
Son onde opaque et pourtant pure
Par les faubourgs pacifiés.

La chaussée est très large, en sorte
Que l'eau jaune comme une morte
Dévale ample et sans nuls espoirs
De rien refléter que la brume,
Même alors que l'aurore allume
Les cottages jaunes et noirs.

Paddington[3].

1. La rivière : la Tamise.
2. Cinq pieds : environ 1m 60 (un pied valant 0,3248 m).
3. Paddington : quartier huppé de Londres.

Child Wife[1]

Vous n'avez rien compris à ma simplicité,
Rien, ô ma pauvre enfant !
Et c'est avec un front éventé, dépité,
Que vous fuyez devant.

Vos yeux qui ne devaient refléter que douceur,
Pauvre cher bleu miroir,
Ont pris un ton de fiel[2], ô lamentable sœur,
Qui nous fait mal à voir.

Et vous gesticulez avec vos petits bras
Comme un héros méchant,
En poussant d'aigres cris poitrinaires, hélas !
Vous qui n'étiez que chant !

Car vous avez eu peur de l'orage et du cœur
Qui grondait et sifflait,
Et vous bêlâtes[3] vers votre mère – ô douleur ! –
Comme un triste agnelet.

Et vous n'aurez pas su la lumière et l'honneur
D'un amour brave et fort,
Joyeux dans le malheur, grave dans le bonheur,
Jeune jusqu'à la mort !

Londres, 2 avril 1873.

1. ***Child wife*** : femme-enfant, en anglais.
2. **Fiel** : amertume.
3. **Bêlâtes** : indicatif passé simple du verbe « bêler ».

A Poor Young Shepherd[1]

J'ai peur d'un baiser
Comme d'une abeille.
Je souffre et je veille
Sans me reposer :
J'ai peur d'un baiser !

Pourtant j'aime Kate
Et ses yeux jolis.
Elle est délicate,
Aux longs traits pâlis.
Oh ! que j'aime Kate !

C'est Saint-Valentin[2] !
Je dois et je n'ose
Lui dire au matin…
La terrible chose
Que Saint-Valentin !

Elle m'est promise,
Fort heureusement !
Mais quelle entreprise
Que d'être amant
Près d'une promise !

J'ai peur d'un baiser
Comme d'une abeille.
Je souffre et je veille
Sans me reposer :
J'ai peur d'un baiser !

---

1. ***A poor young shepherd*** : un pauvre petit berger, en anglais ;
2. Saint-Valentin : le 14 février, fête des amoureux.

Beams[1]

Elle voulut aller sur les flots de la mer,
Et comme un vent bénin soufflait une embellie,
Nous nous prêtâmes tous à sa belle folie,
Et nous voilà marchant par le chemin amer.

Le soleil luisait haut dans le ciel calme et lisse,
Et dans ses cheveux blonds c'étaient des rayons d'or,
Si bien que nous suivions son pas plus calme encor
Que le déroulement des vagues, ô délice !

Des oiseaux blancs volaient alentour mollement
Et des voiles au loin s'inclinaient toutes blanches.
Parfois de grands varechs[2] filaient en longues branches
Nos pieds glissaient d'un pur et large mouvement.

Elle se retourna, doucement inquiète
De ne nous croire pas pleinement rassurés,
Mais nous voyant joyeux d'être ses préférés,
Elle reprit sa route et portait haut la tête.

Douvres-Ostende,
à bord de la « Comtesse-de-Flandre »,
4 avril 1873.

1. ***Beams*** : « rayons » (du soleil) en anglais.
2. **Varechs** : algues brunes.

L’anthologie sur

la poésie symboliste

La situation de Verlaine face au symbolisme est paradoxale. À s'en tenir strictement à l'histoire littéraire, le symbolisme naît en 1886 avec le ***Manifeste du symbolisme*** de Jean Moréas – soit douze ans après *Romances sans paroles*, cinq ans après *Sagesse*, deux ans après *Jadis et naguère*. À l'exception de *Bonheur*, de *Mes hôpitaux* (1891) et de *Mes prisons* (1893), toute son œuvre est chronologiquement antérieure à l'acte de naissance du symbolisme.

■ Verlaine, symboliste sans le vouloir

Verlaine n'a par ailleurs jamais manifesté grand intérêt envers ce mouvement et ses représentants, qu'il qualifiait par dérision de « **cymbalistes** ». En 1891, répondant à Jules Huret dans son *Enquête sur l'évolution littéraire,* il affirme même ne rien comprendre au symbolisme : « Qu'est-ce que ça peut bien vouloir dire ? Moi, d'ailleurs, je m'en fiche ; quand je souffre, quand je jouis ou quand je pleure, je sais bien que ce n'est pas du symbole ! »

Plus fondamentalement, Verlaine n'a jamais considéré le symbole de la même façon que les symbolistes. En réaction contre le matérialisme de leur époque, ces derniers estiment que le monde n'est pas réductible à sa seule matière. Derrière le visible, jugent-ils, il y a l'invisible : « Les phénomènes concrets [...] sont des apparences sensibles destinées à représenter leurs affinités ésotériques avec les idées primordiales », proclame Moréas dans son *Manifeste.* Le symbolisme se propose donc de **déceler les signes de cet invisible et d'en faire sentir la présence**. Sa quête est de nature métaphysique ou spirituelle. Il s'agit de découvrir l'unité primitive et mystérieuse du monde.

Le **symbole** devient dès lors le moyen privilégié de cette quête. Il est même la voie royale pour représenter concrètement une réalité abstraite, puisqu'il comporte par définition deux éléments : un **comparant** (l'abstrait) et un **comparé** (le concret). L'« albatros » symbolise ainsi, chez Baudelaire, la condition du poète. Or, si Verlaine use du symbole, comme avant lui Hugo et les Parnassiens, il n'entend pas explorer ce monde des idées primordiales. Il ne croit d'ailleurs pas à l'existence d'un invisible derrière le visible.

En conclure que Verlaine n'est pas symboliste serait pour autant une simplification. S'il ne l'est pas en effet au sens strict du mot, il ne fut pas étranger à la naissance de ce mouvement.

Le vers libre est la grande conquête du symbolisme, qui consacre le divorce définitif de la poésie et de la versification. Même si Verlaine n'y a jamais personnellement recouru, c'est lui qui – le premier et plus encore que Victor Hugo – ouvre la voie à son invention : par son usage de l'impair, par sa manière de disloquer le vers (enjambements et rejets), par son art de la dissonance, par son refus de confondre poésie et métrique. C'est lui qui fait de la poésie une **aventure du langage** et une **musique verbale**. S'il ne traque pas enfin les signes de l'Invisible, il suggère l'existence d'un mystère – qui se trouve non pas dans un au-delà du monde physique, mais dans un en deçà et ici-bas, dans les profondeurs de l'être. Pour toutes ces raisons, les symbolistes n'ont jamais cessé de considérer Verlaine comme leur maître et devancier.

■ Les valeurs symbolistes

Si le symbolisme n'a jamais été une école, il n'en a pas moins progressivement élaboré un corps de doctrine, auquel ses représentants se sont peu ou prou référés.

À la suite de Baudelaire et de Verlaine, ils tiennent à l'**autonomie de la poésie**, sans pour autant se rallier à la doctrine parnassienne de « l'art pour l'art ». Chez des poètes comme Émile Verhaeren (*Les Campagnes hallucinées,* 1893 ; *Les Villes tentaculaires,* 1895), les préoccupations sociales ne sont pas absentes. Et Jules Laforgue expose, même si c'est sur le mode burlesque, ses misères physiques (*Les Complaintes,* 1885).

En **quête d'un idéal ou d'un absolu**, dont ils postulent l'existence, tous pratiquent un art de la suggestion. Avec le symbole se réalise l'unité profonde du monde, quitte à ce que la poésie devienne (comme chez Ghil ou Mallarmé) incompréhensible à beaucoup. Comme l'univers, le langage poétique ne peut être que mystérieux.

Formellement, les symbolistes se libèrent des règles et contraintes de la métrique. C'est désormais le **mouvement de la pensée** et les **effets musicaux** qui rythment le vers. Si Mallarmé reste fidèle à l'alexandrin, d'autres préféreront l'impair comme Verlaine ou le vers libre.

Le symbolisme est enfin musique : « Il faut reprendre à la musique son bien », professe Mallarmé.

■ La mouvance symboliste

Ce corps de doctrine laisse toutefois toute **liberté** à chacun. Il n'impose aucun thème, aucune modalité d'écriture, aucune règle particulière : à chacun sa manière de suggérer, de privilégier tel ou tel ou registre. Rien n'est plus différent d'un poème de Mallarmé qu'un poème de Tristan Corbière. Cette liberté était d'autant plus nécessaire que les symbolistes viennent de tous les horizons : sociaux (les uns possédant une fortune personnelle peuvent ne pas travailler, d'autres y sont obligés), mais aussi géographiques. Stuart Merrill vient des Amériques. En Belgique, le symbolisme connaît une belle vitalité avec des auteurs comme Verhaeren, Rodenbach, Elskamp ou Maeterlinck.

Le symbolisme ne s'est pas cantonné au seul domaine poétique. En 1890, Lugné-Poe fonde le Théâtre de L'Œuvre, dont l'ambition fut de promouvoir le théâtre symboliste, avec les drames de Maeterlinck ou les premières pièces de Paul Claudel. S'il influença les **musiciens**, le symbolisme exerça aussi son attrait sur les **peintres** : Odilon Redon (1840-1916) veut pratiquer une peinture « musiciste » ; Fernand Khnopff (1858-1921) use de couleurs douces pour créer une atmosphère de mystère *(Le Silence)* ; et James

Whistler (1834-1903) donne à ses toiles des titres musicaux (*Symphonie en gris et en vert*). En quête d'un art total, le symbolisme a marqué de son empreinte presque toutes les disciplines artistiques.

Stéphane Mallarmé, chef de file des poètes symbolistes

Professeur d'anglais, Mallarmé (1842-1898) s'impose comme le chef de file des poètes symbolistes, qui tous admirent sa quête d'une « poésie pure ». Chez lui, le symbole s'épure au point d'en faire parfois disparaître le comparé (l'élément concret). C'est qu'il considère que « nommer un objet, c'est supprimer les trois quarts de la jouissance du poème qui est faite du bonheur de deviner peu à peu ; le suggérer, voilà le rêve » (Réponse à *l'Enquête sur l'évolution littéraire de Jules Huret*, 1891). De là vient sa réputation de poète hermétique, dont son célèbre poème « Un coup de dés jamais n'abolira le hasard » (1897) est l'exemple le plus achevé.

Texte 1

POÈME

STÉPHANE MALLARMÉ ♦ *Poésies*, « Plusieurs sonnets », II, 1887

Dans le poème qui suit, publié en 1885, Mallarmé décrit l'impuissance du poète à atteindre l'Idéal à travers l'image du cygne qui, pris dans les glaces de l'hiver, souhaiterait reprendre son vol vers l'Azur.

Le vierge, le vivace…

Le vierge, le vivace et le bel aujourd'hui
Va-t-il nous[1] déchirer avec un coup d'aile ivre
Ce lac dur oublié que hante sous le givre
Le transparent glacier[2] des vols qui n'ont pas fui !

1. Nous : le pronom ne renvoie pas ici à un pluriel, mais à un « je », pour exprimer familièrement l'impatience.
2. Le transparent glacier : le lac gelé.

Un cygne d'autrefois se souvient que c'est lui
Magnifique mais qui sans espoir se délivre
Pour n'avoir pas chanté la région où vivre[1]
Quand du stérile hiver a resplendi l'ennui.

Tout son col secouera cette blanche agonie
Par l'espace infligée à l'oiseau qui le nie,
Mais non l'horreur du sol où le plumage est pris.

Fantôme qu'à ce lieu son pur éclat assigne,
Il s'immobilise au songe froid de mépris
Que vêt[2] parmi l'exil inutile le Cygne.

■ Jules Laforgue, chercheur désabusé d'absolu

Malheureux, pauvre, malade, Jules Laforgue (1860-1887) eut une existence brève et difficile. De 1881 à 1886, il fut cinq ans lecteur auprès de l'impératrice d'Allemagne à Berlin. Il est l'auteur de trois recueils : *Les Complaintes* (1885), *L'Imitation de Notre-Dame la lune* (1886) et *Des Fleurs de bonne volonté* (publié posthumément en 1890). Du symbolisme, Laforgue conserve la nostalgie de l'absolu, à laquelle ses souffrances physiques confèrent un goût amer. Désarticulant le vers, jouant avec la syntaxe, il cache son désespoir derrière l'humour et l'autodérision.

1. **La région où vivre** : la région de la perfection, de l'Idéal.
2. **Vêt** : revêt.

Texte 2

POÈME

JULES LAFORGUE ♦ *Des fleurs de bonne volonté*, XXIX, 1890

Dans le poème qui suit, Laforgue use d'une langue volontairement familière. S'il ne recourt pas au vers libre, il désarticule l'hexasyllabe (vers de six syllabes) par ses rythmes chaotiques. Son ton volontiers moqueur, voire gouailleur, est une pudeur. Son « brave automne » est, comme chez Verlaine, un état d'âme – désespéré. Il n'y a qu'« au point de vue artiste » que l'automne est beau, non dans « la vraie vie ».

Le brave, le brave automne

Quand reviendra l'automne,
Cette saison si triste,
Je vais m'la passer bonne,
Au point de vue artiste.

Car le vent, je l'connais,
Il est de mes amis !
Depuis que je suis né
Il fait que j'en gémis…

Et je connais la neige,
Autant que ma chair même,
Son froment me protège
Contre les chairs que j'aime…

Et comme je comprends
Que l'automnal soleil
Ne m'a l'air si souffrant
Qu'à titre de conseil !…

Puis rien ne saurait faire
Que mon spleen ne chemine
Sous les spleens insulaires
Des petites pluies fines…

Ah ! l'automne est à moi,
Et moi je suis à lui,
Comme tout à « pourquoi ? »
Et ce monde à « et puis ? »

Quand reviendra l'automne,
Cette saison si triste,
Je vais m'la passer bonne,
Au point de vue artiste.

■ Tristan Corbière, poète maudit

Dans ses *Poèmes maudits* qu'il publie à partir de 1883, Verlaine consacre une étude à Tristan Corbière (1845-1875). « Maudit », Corbière l'est à plus d'un titre. La nature ne l'a pas gâté : il est laid, presque difforme, tuberculeux. À Roscoff, où il vit, il mène une existence vagabonde. À Paris, où il fréquente un groupe de peintres, il scandalise par ses écarts de conduite. Amoureux fou, mais sans aucun espoir, d'une riche actrice italienne, il se désespère sans fin. Corbière est l'auteur d'un unique recueil, publié en 1873, *Les Amours jaunes,* qui ne connut aucun succès, pas même d'estime.

Ses provocations, son ironie et son vers cahotant qui ignore délibérément les règles de la prosodie traditionnelle ont de quoi déconcerter le lecteur. Le symbole, chez lui, renvoie presque toujours aux souffrances du corps, aux siennes propres. Après Verlaine, les surréalistes l'apprécieront.

Texte 3

POÈME

TRISTAN CORBIÈRE ♦ *Les Amours jaunes,* « Rondels pour après », 1873

La mort est pour Tristan Corbière une compagne redoutée, qu'il tente d'apprivoiser par des pirouettes verbales, comme dans le poème qui suit, où il se présente en « peigneur de comètes ».

Petit mort pour rire

Va vite, léger peigneur de comètes !
Les herbes au vent seront tes cheveux ;
De ton œil béant jailliront les feux
Follets, prisonniers dans les pauvres têtes...

Les fleurs de tombeau qu'on nomme Amourettes
Foisonneront plein ton rire terreux...
Et les myosotis, ces fleurs d'oubliettes...

Ne fais pas le lourd : cercueils de poètes
Pour les croque-morts sont de simples jeux,
Boîtes à violon qui sonnent le creux...
Ils te croiront morts – Les bourgeois sont bêtes –
Va vite, léger peigneur de comètes !

Charles Cros, en quête d'un nouveau langage

Poète, inventeur du télégraphe automatique, du phonographe et de la photographie en couleurs, Charles Cros (1842-1888) ne fut reconnu ni pour ses talents poétiques ni pour ses inventions techniques. Aujourd'hui, seule l'Académie qui porte son nom tente de le sauver de l'oubli en couronnant les meilleurs disques de l'année.

Son premier recueil, *Le Coffret de santal* (1873), seul recueil publié de son vivant, passe totalement inaperçu. Son *Collier de griffes* sera posthumément publié en 1908. Après 1920, les surréalistes le réhabiliteront.

Texte 4

POÈME

CHARLES CROS ♦ *Le Coffret de santal*, « Chansons perpétuelles », 1873

Le poème qui suit se présente comme une « chanson perpétuelle » dont le dernier vers reprend le premier. Les quatre motifs du texte –

les fleurs, les femmes, l'absinthe et le feu – deviennent le symbole de l'existence, de ses faux espoirs et vraies souffrances.

Lendemain

Avec les fleurs, avec les femmes,
Avec l'absinthe[1], avec le feu,
On peut se divertir un peu,
Jouer son rôle en quelque drame.

L'absinthe bue un soir d'hiver
Éclaire en vert l'âme enfumée,
Et les fleurs, sur la bien-aimée,
Embaument devant le feu clair.

Puis les baisers perdent leurs charmes,
Ayant duré quelques saisons,
Les réciproques trahisons
Font qu'on se quitte un jour, sans larmes.

On brûle lettres et bouquets
Et le feu se met à l'alcôve
Et, si la triste vie est sauve,
Restent l'absinthe et ses hoquets.

Les portraits sont mangés des flammes ;
Les doigts crispés sont tremblotants…
On meurt d'avoir dormi longtemps
Avec des fleurs, avec les femmes.

1. Absinthe : alcool, de couleur verte, très en vogue à la fin du XIXe et aux effets ravageurs sur la santé (voir le roman de Zola, *L'Assommoir).*

■ Albert Samain, peintre des états d'âme

Fils d'un commerçant lillois et, comme Verlaine, employé à la préfecture de la Seine, Albert Samain (1858-1900), d'abord influencé par Baudelaire, s'oriente ensuite vers une poésie simple et élégiaque. Publié en 1893, son recueil Au jardin de l'Infante *lui vaut un succès immédiat.*

Texte 5

POÈME

ALBERT SAMAIN ♦ *Au jardin de l'Infante*, 1893

Dans sa poésie, Albert Samain utilise des sizains hétérométriques, très proches du vers libre, où il campe des paysages qui sont autant d'états d'âme.

Chanson d'été

Le soleil brûlant
Les fleurs qu'en allant
Tu cueilles,
Viens fuir son ardeur
Sous la profondeur
Des feuilles.

Cherchons les sentiers
À demi frayés
Où flotte,
Comme dans la mer,
Un demi-jour vert
De grotte.

Des halliers[1] touffus
Un soupir confus
S'élève

1. **Halliers** : groupes de buissons serrés et touffus.

Si doux qu'on dirait
Que c'est la forêt
Qui rêve…

Chante doucement ;
Dans mon cœur d'amant
J'adore
Entendre ta voix
Au calme du bois
Sonore.

L'oiseau, d'un élan,
Courbe, en s'envolant,
La branche
Sous l'ombrage obscur
La source au flot pur
S'épanche.

Viens t'asseoir au bord
Où les boutons d'or
Foisonnent…
Le vent sur les eaux
Heurte les roseaux
Qui sonnent.

Et demeure ainsi
Toute au doux souci
De plaire,
Une rose aux dents,
Et ton pied nu dans
L'eau claire.

Stuart Merrill, le musicien des mots

Né en Amérique, Stuart Merrill (1863-1915) s'installe en France en 1890. Disciple de Mallarmé et théoricien du symbolisme, il est l'auteur de plusieurs recueils, dont : *Les Griseries* (1887), *Petits poèmes d'automne* (1895). Dans *Gammes* (1887), son recueil le plus connu, il cherche à suggérer l'ordre mystérieux du monde en privilégiant la musique : « La Poésie étant à la fois Verbe et Musique est merveilleusement apte à cette suggestion d'un infini qui n'est souvent que de l'indéfini. Par le Verbe elle dit et pense, par la Musique elle chante et rêve » (*Credo*, 1893).

Texte 6

POÈME

STUART MERRILL ♦ *Les Gammes*, 1887

Chacun des quatrains de « Nocturne » est construit sur un jeu de répétitions et de variations phonétiques (allitérations et assonances).

Nocturne

La blême lune allume en la mare qui luit,
Miroir des gloires d'or, un émoi d'incendie.
Tout dort. Seul, à demi-mort, un rossignol de nuit
Module en mal d'amour sa molle mélodie.

Plus ne vibrent les vents en le mystère vert
Des ramures. La lune a tu leurs voix nocturnes :
Mais à travers le deuil du feuillage entrouvert
Pleuvent les bleus baisers des astres taciturnes.

La vieille volupté de rêver à la mort
À l'entour de la mare endort l'âme des choses.
À peine la forêt parfois fait-elle effort
Sous le frisson furtif de ses métamorphoses.

Chaque feuille s'efface en des brouillards subtils.
Du zénith de l'azur ruisselle la rosée
Dont le cristal s'incruste en perles aux pistils
Des nénufars flottant dans l'eau fleurdelisée.

Rien n'émane du soir, ni vol, ni vent, ni voix,
Sauf lorsqu'au loin des bois, par soudaines saccades,
Un ruisseau turbulent croule sous les gravois :
L'écho s'émeut alors de l'éclat des cascades.

■ Francis Vielé-Griffin, théoricien du vers libre

Considéré par Mallarmé comme l'un des meilleurs poètes de sa génération, Francis Vielé-Griffin (1864-1937), originaire de Virginie, est l'un des théoriciens du symbolisme. Auteur notamment de *Joies* (1889), il opte pour le vers libre. Le rythme, dans sa poésie, ne se fonde plus sur la métrique (le nombre de syllabes), mais sur la musicalité.

Texte 7

POÈME

FRANCIS VIELÉ-GRIFFIN ♦ *Fleurs du chemin et chansons de la route*, 1895

Dès le début de ce poème en vers libres, le spectacle de la nature contraste avec l'état douloureux du Moi.

Ne croyez pas

Ne croyez pas,
– Pour ce qu'avril rit rose
Dans les vergers,
Où pâlit de l'excès voluptueux des fleurs –,
Que toutes choses
Sont nos gais cœurs,

Et qu'il n'est plus une soif à étancher.
Ne croyez pas,
– Glorieux des gloires automnales,
– Ivres des vins jaillis que boit l'épi qu'on foule –,
Qu'il n'est plus une faim que rien ne saoûle :
Car décembre est en marche dans la nuit pâle.

Max Elskamp, poète compositeur, illustrateur de la vie et du rêve

Poète symboliste belge, Max Elskamp (1862-1931) est l'auteur de nombreux recueils poétiques, composés principalement entre 1886 et 1901, puis entre 1920 et 1931, dont *L'Éventail japonais* (1886), *Enluminures* (1898), *Chansons désabusées* (1922) ou *Les Délectations moroses* (1923). Dans des distiques ou quatrains, en vers courts, Elskamp compose dans une langue parfois familière, voire folklorique, des chansons populaires, où retentit l'écho des fêtes du Nord. Mais cet écho revêt de profonds accents mélancoliques, comme s'ils provenaient d'un monde incertain, proche de l'imaginaire.

Texte 8

POÈME

MAX ELSKAMP ♦ *Enluminures*, 1898

« Enluminure » : le mot désigne une peinture ou un dessin exécuté à la main et décorant ou illustrant un texte. Elskamp s'en sert comme titre de son recueil, parce qu'il l'a composé dans tous les sens du terme : il en a « composé » les poèmes, mais l'a aussi illustré et même fabriqué, choisissant le papier et la typographie. « Paysages, heures, airs, chants grotesques », précise le sous-titre. Elskamp y tente de réconcilier la vie et le rêve, fussent-ils l'un et l'autre douloureux.

Puis violon haussé d'un ton…

Puis violon
haussé d'un ton
– c'est dans le cahier à chanter –
alors le très vieux boulanger
qui bat sa femme
nue corps et âme,

et violon
baissé d'un ton,
c'est le soleil avec la pluie,
emménageant la diablerie
d'une kermesse
sans cloche ou messe.

Puis violons
trop doux et bons
aux maisons de mauvaise vie,
c'est à l'amour, jusqu'à la lie,
les matelots
suivant leur lot ;

et violons,
accordéons,
et musiques à l'unisson
des couteaux en l'honneur des femmes
lors c'est chanson à fendre l'âme.

■ Georges Rodenbach, peintre du moi et des intérieurs

Lui aussi d'origine belge, animateur de la revue *La Jeune Belgique*, qui soutient le mouvement symboliste, ami de Mallarmé, Rodenbach

(1855-1898) a beaucoup écrit, tant des poèmes que des romans et des pièces de théâtre. Ses principaux recueils poétiques sont : *Règne du silence* (1891), *Les Vies encloses* (1896) et *Le Miroir du ciel natal* (1898). La musicalité de ses poèmes suggère un autre monde ou un monde idéal, où l'apparence n'est plus un leurre.

Texte 9

POÈME

GEORGES RODENBACH ♦ *Le Règne du silence*, 1891

La « Douceur du soir » est tout à la fois un poème musical et une évocation des intérieurs flamands, si souvent représentés en peinture. Tout est calme, paisible, harmonieux, presque dans un au-delà des mots.

Douceur du soir

Douceur du soir ! Douceur de la chambre sans lampe !
Le crépuscule est doux comme la bonne mort
Et l'ombre lentement qui s'insinue et rampe
Se déroule en fumée au plafond. Tout s'endort.

Comme une bonne mort sourit le crépuscule
Et dans le miroir terne, en un geste d'adieu,
Il semble doucement que soi-même on recule,
Qu'on s'en aille plus pâle et qu'on y meure un peu.

Sur les tableaux pendus aux murs, dans la mémoire
Où sont les souvenirs en leurs cadres déteints,
Paysages de l'âme et paysages peints,
On croit sentir tomber comme une neige noire.

Douceur du soir ! Douceur qui fait qu'on s'habitue
À la sourdine, aux sons de viole assoupis ;
L'amant entend songer l'amante qui s'est tue
Et leurs yeux sont ensemble aux dessins du tapis.

Et langoureusement la clarté se retire ;
Douceur ! Ne plus se voir distincts. N'être plus qu'un !
Mélisande[1]
Penser la même chose et ne pas se le dire.

Maurice Maeterlinck, le symbole avant tout

Plus connu pour son théâtre symboliste (avec *Pelléas et Mélisande*, 1892) que pour ses poèmes, Maurice Maeterlinck (1862-1949) n'en reste pas moins le plus célèbre des poètes symbolistes belges. Son recueil *Serres chaudes* (1889) s'inscrit dans la mouvance des idées de Mallarmé sur la poésie : il s'agit avant tout pour lui de suggérer un mystère intérieur, de faire sentir l'Inconnu, comme dans le poème qui suit, aussi simple qu'énigmatique. En 1891, il déclarait : « Le poète doit, me semble-t-il, être passif dans le symbole, et le symbole le plus pur est peut-être celui qui a lieu à son insu et même à l'encontre de ses intentions [...] S'il n'y a pas de symbole, il n'y a pas d'œuvre d'art. »

Texte 10

POÈME

MAURICE MAETERLINCK ♦ *Serres chaudes*, 1889

Poème de la suggestion, de l'art de tout dire implicitement, « Et s'il revenait un jour... » enveloppe de mystère la désespérance amoureuse.

Et s'il revenait un jour...

Et s'il revenait un jour
Que faut-il lui dire ?
– Dites-lui qu'on l'attendit
Jusqu'à s'en mourir...

1. **Mélisande** est le symbole de l'entente parfaite, et tragique : mariée au vieux Golaud, elle s'éprend de Pelléas. Jaloux, Golaud tue Pelléas, Mélisande se suicide, rejoignant ainsi dans la mort l'homme qu'elle aime.

Et s'il m'interroge encore
Sans me reconnaître ?
– Parlez-lui comme une sœur,
Il souffre peut-être…

Et s'il demande où vous êtes
Que faut-il lui répondre ?
– Donnez-lui mon anneau d'or
Sans rien lui répondre…

Et s'il veut savoir pourquoi
La salle est déserte ?
– Montrez-lui la lampe éteinte
Et la porte ouverte…

Et s'il m'interroge alors
Sur la dernière heure ?
– Dites-lui que j'ai souri
De peur qu'il ne pleure…

■ Conclusion

Dès 1895, le symbolisme commence à s'essouffler. Le jugeant trop idéaliste, trop désincarné, ses propres théoriciens s'en détournent. Moréas, qui en signa le *Manifeste*, fonde en 1891 l'École Romane, pour renouer avec les courants traditionnels de la poésie. Le symbolisme n'en ouvre pas moins les portes de la modernité poétique des débuts du XXe siècle.

Le dossier

Le contexte historique et littéraire

CINQUANTE ANS DE BOULEVERSEMENTS POLITIQUES

• Verlaine naît sous la monarchie de Juillet (1830-1848). La révolution de février 1848 chasse Louis-Philippe du trône : la IIe République est proclamée le 25 février ; le 10 décembre, le prince Louis-Napoléon (neveu de Napoléon Ier) en est élu président. Le 2 décembre 1851, celui-ci y met fin par un coup d'État.

• Un an plus tard, le 2 décembre 1852 naît officiellement le Second Empire. Le prince-Président devient Napoléon III. La guerre qu'il déclare à la Prusse, le 19 juillet 1870, tourne au désastre : c'est, le 2 septembre, la défaite de Sedan et, le 4 septembre, la déchéance de l'Empire et la proclamation de la IIIe République. Thiers devient chef du pouvoir exécutif.

• Hostile tout autant aux Prussiens vainqueurs, qui restent aux portes de la capitale, qu'à Thiers et à sa politique, un gouvernement révolutionnaire se forme à Paris : c'est l'insurrection de la Commune, noyée dans le sang du 22 au 28 mai 1871.

• En 1873, Thiers démissionne, Mac-Mahon est élu président de la République. Verlaine passera la dernière partie de sa vie sous le régime de cette IIIe République, qui s'effondrera dans le désastre de 1940.

PROGRÈS ET MUTATIONS SOCIALES

• Les progrès techniques sont sans précédent : développement des chemins de fer à partir de 1840 ; essor de l'automobile à partir de 1884 ; premiers vols de Clément Ader en 1890 ; production massive d'acier favorisant les constructions métalliques (ponts et viaducs).

• Témoins de ces innovations, **cinq expositions universelles** se tiennent à Paris entre 1855 et 1900 – dont celle de 1889 qui voit la construction de la tour Eiffel. C'est la **naissance d'une civilisation et d'un capitalisme industriels**.

• Le visage de la société s'en trouve profondément modifié. Le **salariat** se généralise, souvent vécu comme la forme moderne de l'esclavage. Un **prolétariat**, toujours plus nombreux, s'agglutine dans les faubourgs. La **question sociale** (le sort de la condition ouvrière) soulève de vifs débats sur les **modes de production** et la **répartition des richesses**.

• En 1882, sous l'impulsion de Jules Ferry, l'**enseignement primaire** devient laïque, gratuit et obligatoire. En 1884, les **syndicats** sont officiellement reconnus et le divorce est légalisé. 1895 voit la création de la CGT. L'année de la mort de Verlaine, en 1896, l'ingénieur Bienvenüe dresse les plans du métro de Paris.

LES ÉVOLUTIONS LITTÉRAIRES

• Après avoir dominé toute la première moitié du XIXe siècle, **le romantisme décline.** Au **théâtre**, les dramaturges élaborent de nouvelles formules. Sous le Second Empire, le **vaudeville** triomphe avec Labiche et Feydeau, ainsi que le **mélodrame** avec Paul Féval.

• **Le roman connaît un véritable âge d'or** avec Balzac, Stendhal, Flaubert. Durant les années 1850-1870, bataille et triomphe le **réalisme**, qui recherche la peinture la plus exacte possible des individus et des conditions sociales. Le **naturalisme** s'impose avec Zola qui, de 1871 à 1893, conçoit sa vaste fresque des *Rougon-Macquart.*

• En poésie, les tenants de l'école de « **l'art pour l'art** » (dont Théophile Gautier) puis du **Parnasse** (Banville, Hérédia, Leconte de Lisle) prônent le culte de la forme et de l'impersonnalité, en réaction aux épanchements du « moi » romantique. **Baudelaire** (*Les Fleurs du mal*, 1857) s'ouvre à la modernité et oriente la poésie vers l'exploration des gouffres intérieurs. **Rimbaud** invente une langue, capable de changer la vie et le monde. **Mallarmé** part à la quête de la poésie pure.

• Né officiellement en 1886, le **symbolisme** cherche à déceler dans le Visible les signes de l'Invisible. La poésie connaît une **évolution majeure**, à laquelle Verlaine va participer activement.

Le contexte biographique

Paul Verlaine naît à Metz le 30 mars 1844. Son enfance est heureuse. Bien qu'il soit un lycéen dissipé, ses études secondaires, à Paris, sont bonnes et il obtient en 1862 son baccalauréat.

UNE VOCATION POÉTIQUE PRÉCOCE (1858-1865)

• La poésie l'attire très tôt : Verlaine compose ses premiers poèmes dès l'âge de 14 ans. Il lit aussi beaucoup, notamment les poètes parnassiens (Gautier, Banville, Leconte de Lisle) et plus encore Baudelaire, dont *Les Fleurs du mal* ont paru en 1857. À la faculté de droit, où il s'est inscrit après son baccalauréat, Verlaine préfère vite les cafés et les salons littéraires.

• En 1863 paraît son premier poème en revue : « Monsieur Prudhomme » (qu'il reprendra dans ses *Poèmes saturniens*). Deux ans plus tard, il est critique littéraire dans la revue *L'Art*, où il se signale par une importante étude sur Baudelaire, dont il loue la rigueur, l'audace et la modernité.

• Pour vivre, Verlaine devient employé à l'Hôtel de Ville puis à la Préfecture de la Seine. L'emploi est modeste, mais le travail peu astreignant.

ALCOOL, POÉSIE ET BONHEUR FUGITIF (1866-1871)

• En 1866, Verlaine a 22 ans et publie son **premier recueil, *Poèmes saturniens***, d'inspiration parnassienne. Quand il n'est pas indifférent, l'accueil est mitigé. La mort, en 1867, de sa cousine Élisa pour qui il éprouvait une profonde affection, le désespère. Verlaine boit, de plus en plus, devient violent. C'est dans ce contexte que paraissent en 1869 ses ***Fêtes galantes***, d'apparence légère mais tout de souffrance intime.

• La rencontre d'une jeune fille de 16 ans, Mathilde Mauté, le bouleverse : il compose en son honneur ***La Bonne Chanson***, et l'épouse en août 1870. Le bonheur du couple est de courte durée. Verlaine perd bientôt son emploi, s'enfonce plus encore dans l'alcoolisme et brutalise sa femme. La naissance de son fils Georges, en octobre 1871, n'apaise pas ses démons.

EN COUPLE AVEC RIMBAUD (1871-1873)

• Verlaine vient de rencontrer Arthur Rimbaud. Le génie rebelle de cet adolescent de 17 ans le subjugue : c'est le **coup de foudre**. Tous deux s'enfuient en juillet 1872 pour la Belgique et l'Angleterre. Leur errance s'accompagne de violences, de beuveries, de menaces de rupture et de chantages au suicide.

• **À** Bruxelles, le 10 juillet 1873, Verlaine, ivre, blesse Rimbaud de deux coups de revolver. **Condamné** pour tentative de meurtre à deux ans de prison, il est **incarcéré** d'abord à Bruxelles puis à Mons.

LA CONVERSION EN PRISON (1873-1875)

• Écho de cette passion mouvementée, ***Romances sans paroles*** paraissent en mars 1874. En proie au remords, déchiré entre son amour pour Mathilde, qui a obtenu le divorce, et sa passion pour Rimbaud, Verlaine cherche alors son salut en Dieu et se convertit au catholicisme.

• Pour partie écrit en prison, mais seulement publié en 1880, le recueil ***Sagesse*** témoigne de ses aspirations morales et spirituelles.

MISÈRE, DÉCHÉANCE ET RECONNAISSANCE (1875-1894)

• Libéré en janvier 1875, Verlaine regagne Paris où, sans emploi et sans ressources, il vivote les vingt dernières années de sa vie de mansarde en taudis. Sa production poétique n'en est pas moins importante. Après *Jadis et naguère* (1884) – qui contient son « **Art poétique** », écrit en 1874 –, il compose *Parallèlement* (1889), *Chansons pour elle* (1891), *Odes en son honneur* et *Mes Prisons* (1893).

• Toutefois, au fur et à mesure que s'accentue sa **déchéance** matérielle et physique, grandissent inversement son **influence** et son **prestige**. En 1894, il est consacré « **Prince des Poètes** » par la revue littéraire *La Plume.* Quand il meurt d'une congestion pulmonaire le 8 janvier 1896, une foule d'admirateurs se presse à son enterrement.

La place des trois recueils dans l'œuvre de Verlaine

POÈMES SATURNIENS (1866) : IMITATION ET ORIGINALITÉ

• C'est chronologiquement le **premier recueil** publié par Verlaine. Cette œuvre de jeunesse se ressent de nombreuses influences. Le **refus de l'engagement**, la **condamnation du lyrisme personnel**, le **culte du beau** et d'une **impassibilité marmoréenne**[1] sont autant de **thèmes parnassiens**, alors à la mode. L'influence de Baudelaire n'y est pas moins manifeste, notamment dans les sections *Eaux-fortes* (p. 27) et *Paysages tristes* (p. 34), où se retrouvent un même goût pour la modernité et une même tendance à la mélancolie.

• Le recueil ne se réduit pourtant pas à un exercice d'imitation. Son titre caractérise une **personnalité** et définit presque un **destin poétique** : les « Saturniens » sont voués en effet à une « bonne part de malheur et bonne part de bile » ; leur « Imagination » est « inquiète, débile » (Poème liminaire, p. 11). Tout jeune, Verlaine se sait et se sent appartenir à la race des **poètes maudits**. La souffrance et la marginalité seront son lot, sans que vienne les adoucir l'aspiration baudelairienne à l'« Idéal ».

• L'**originalité** y pointe enfin. S'il n'avouera que beaucoup plus tard, dans son « Art poétique » (écrit en 1874 et publié en 1884 dans *Jadis et naguère*), sa préférence pour l'« Impair », Verlaine recourt déjà aux vers impairs (« Croquis parisien », p. 27, « Marine », p. 30). Ses recherches mélodiques sont évidentes (« Chanson d'automne », p. 40). Son esthétique s'élabore dans la **fusion des vies intérieure et extérieure** (notamment dans la section *Paysages tristes*, p. 34).

FÊTES GALANTES (1869) : MUSIQUE EN MODE MINEUR

• Le titre est une référence explicite aux « Fêtes galantes » du peintre Antoine Watteau (1684-1721), dont les tableaux représentaient, dans des décors naturels, les divertissements d'une société raffinée. Assurément plus **homogène** que les *Poèmes saturniens*, le recueil en conserve toutefois les **accents mélancoliques**.

• Toute imitation parnassienne y a certes disparu. L'ensemble est plus léger, plus souriant. Un climat de **liberté et de libertinage** nimbe ces « fêtes » verlainiennes.

1. **Marmoréenne** : froide, dure comme le marbre.

Mais ce n'est qu'**apparence et illusion**. Les jeux de l'amour sont un rêve, un théâtre, une comédie qui font que les participants eux-mêmes « n'ont pas l'air de croire à leur bonheur » (« Clair de lune », p. 85). L'inquiétude et la tristesse finissent par ressurgir sous l'élégance des manières, les sourires contraints ou ironiques. Le bonheur n'est qu'une tromperie.

• Un ton, jusqu'alors épisodique, s'impose enfin : celui du **mode mineur**, où le vague l'emporte sur la clarté, la suggestion sur l'affirmation, où les murmures s'éteignent en soupirs et souffles, où les fêlures et les dissonances ne font qu'affleurer (« En sourdine », p. 110, « Colloque sentimental », p. 111). Les formes ne sont plus que des contours en demi-teintes. Cette musique-là est propre à Verlaine. Elle est à l'opposé de celle qu'il fera entendre un an plus tard dans *La Bonne Chanson*, composée en l'honneur de la jeune Mathilde Mauté.

ROMANCES SANS PAROLES (1874) : POÉSIE IMPRESSIONNISTE

• Mathilde, que Verlaine épouse, incarnait l'espoir d'un bonheur stable et innocent, éloignant enfin de lui la « bonne part de malheur » promise aux « Saturniens » : ce bonheur sera de courte durée. La **vraie rencontre amoureuse** de sa vie sera celle de **Rimbaud**.

• Aussi n'est-il pas illégitime de lire le recueil en fonction de cette donnée autobiographique, d'autant que sa deuxième section (*Paysages belges*, p. 127) reconstitue l'**errance des deux poètes**. Toujours possible, cette lecture n'est pourtant pas essentielle.

• Verlaine y apparaît en effet **en pleine possession de sa poétique**. Son écriture se fait impressionniste : les paysages ne sont plus que des touches de couleurs et les contours des formes s'estompent. Sous l'influence peut-être de Rimbaud, les sensations deviennent premières et les audaces métriques plus fréquentes et plus fortes, sans que la douceur des confidences s'en trouve altérée : « Il pleut dans mon cœur/ Comme il pleut sur la ville » (*Ariettes oubliées*, III, p. 118).

La structure des poèmes

POÈMES SATURNIENS

Un poème liminaire place le recueil sous le signe de Saturne, planète maléfique vouant ceux qui subissent son influence à la mélancolie et à la tristesse. Précédé d'un Prologue l'ensemble comporte quatre sections, d'ampleur inégale. Elles-mêmes sont suivies de douze pièces (longs poèmes) indépendantes les unes des autres, puis d'un Épilogue.

Le Prologue

- Long poème de 102 alexandrins.
- Le divorce, à l'ère moderne, de l'action et du rêve, conduit le poète à s'isoler et à trouver refuge dans les « temps anciens ». Thème d'inspiration parnassienne.

Section I : *Melancholia* (p. 19)

- Ensemble de huit sonnets, dont le premier est un sonnet inversé (deux tercets et deux quatrains) en décasyllabes, tous les autres étant en alexandrins.
- Variations sur la tristesse de l'âme quand s'estompe le souvenir des jours heureux ; et quand la femme aimée, à la fois présente et absente, prend la forme d'un rêve.

Section II : *Eaux-fortes* (p. 27)

- Cinq poèmes hétérométriques (de 4, 5, 7, 8, 10 et 12 syllabes).
- Des poèmes proches de l'art pictural, tour à tour « croquis », « silhouette », image onirique, « marine ». Un jeu de formes et de couleurs.

Section III : *Paysages tristes* (p. 34)

- Sept poèmes hétérométriques, de forme variée.
- Mélancolie des « soleils couchants », sanglots de la « chanson d'automne » : quand les paysages deviennent intérieurs et sont des états d'âme.

Section IV : *Caprices* (p. 44)

- Cinq poèmes hétérométriques, de formes diverses.
- Des poèmes fantaisistes, volontiers satiriques sur des thèmes variés : hypocrisie religieuse ; fausse naïveté des ingénues, férocité de la femme-chatte, stupidité de « monsieur Prudhomme ».

Douze Pièces

• « César Borgia. Portrait en pied » (p. 70) et « La Mort de Philippe II » (p. 71) : deux satires féroces de la puissance d'une Église catholique et hypocrite et, indirectement, de Napoléon III.

• « *Initium* », « *Çavitrî* » (p. 52), « Sérénade » (p. 55), « Un dahlia » (p. 57), « *Nevermore* » (p. 58), « *Il Bacio* » (p. 59), « Dans les bois » (p. 60) et « Marco » (p. 67) : les diverses nuances de la passion amoureuse, de ses jeux et des blessures qu'elle inflige.

• « *Sub Urbe* » (p. 53) : méditation compatissante sur « les pauvres morts » d'un cimetière.

« Nocturne parisien » (p. 62)

• Évocation savante de la Seine et des grands fleuves du monde.

Épilogue (p. 78)

• 80 vers répartis en 20 quatrains.

• En écho au Prologue, profession de foi parnassienne : culte de la beauté ; importance du travail ; impassibilité du poète : « Est-elle en marbre, ou non, la Vénus de Milo ? »

FÊTES GALANTES

Allusion aux tableaux du peintre Watteau, le titre renseigne sur le contenu du recueil : les jeux de l'amour d'une société élégante entre rêve et féerie, frivolité et libertinage, sensualité et angoisse. Un ensemble de vingt-deux poèmes, dessinant comme trois actes de ce théâtre amoureux.

1 • Acte I : un monde d'apparences, sans profondeur ni vérité

• Deux poèmes : « Clair de lune » (p. 85) et « Pantomime » (p. 87).

• Sous une clarté lunaire, des « masques et bergamasques » dansent et chantent. Déguisés en Pierrot, Arlequin, Colombine (des personnages de la Commedia dell'arte), tous semblent tristes et ne pas croire à leur bonheur.

2 • Acte II : des dupes consentantes

• 17 poèmes : « Sur l'herbe » (p. 88), « L'Allée » (p. 89), « À la promenade » (p. 90), « Dans la grotte » (p. 91), « Les Ingénus » (p. 92), « Cortège » (p. 93), « Les Coquillages » (p. 94), « En patinant » (p. 95), « Fantoches » (p. 98), « Cythère » (p. 99), « En bateau » (p. 100),

« Le Faune » (p. 101), « Mandoline » (p. 102), « À Clymène » (p. 103), « Lettre » (p. 104), « Les Indolents » (p. 106), « Colombine » (p. 107).

• Tous s'adonnent aux jeux de l'amour en espérant n'avoir pas à les prendre au sérieux et n'avoir jamais en souffrir. » Nous aimions ce jeu de dupes » (« Les Ingénus »). « Nous fûmes dupes, vous et moi/De manigances mutuelles » (« En patinant »). Les serments prennent des airs de railleries (« Les Indolents »). Ces jeux engendrent toutefois de petites cruautés, qui, si elles ne sont pas mortelles, blessent irrémédiablement.

3 • Acte III : la fête est finie

• Trois poèmes : « L'Amour par terre » (p. 109) ; « En sourdine » (p. 110) ; « Colloque sentimental » (p. 111).

• Le décor se dégrade, le parc devient « solitaire et glacé ». Un coup de vent a jeté à terre la statue de Cupidon qui s'est brisée : « Et des pensers mélancoliques vont ». Les participants à la fête ne sont plus que des « spectres ». Ils ont perdu jusqu'au souvenir de leurs anciennes extases. « L'espoir a fui, vaincu, vers le ciel noir » (« Colloque sentimental »).

ROMANCES SANS PAROLES

Journal des errances de Verlaine et de Rimbaud, le recueil est aussi et surtout une poétique de la suggestion, où s'unissent étroitement la voix, la vue et l'ouïe – autrement dit le langage, la peinture et la musique. Il comporte vingt poèmes répartis en quatre sections : Ariettes oubliées, Paysages belges, *Birds in the night et* Aquarelles.

1 • Section I : *Ariettes oubliées* (p. 115)

• Neuf poèmes s'organisant : en quatrains (II, III, IV, VI, VIII, IX) ; en sizains (I et V) ; et en distiques (VII). L'hétérométrie domine : vers de 5 syllabes (VIII), de 6 (III), de 7 (I et IX en partie), de 8 (II), de 10 (V), de 11 (IV) et 12 syllabes (IX).

• Airs vifs et légers, ces « ariettes » illustrent musicalement le titre du recueil. Elles sont « oubliées », comme les « romances » sont « sans paroles » : la voix tend don à s'y amenuiser. La « plainte dormante » (I) et amoureuse se fait « murmure » (II), sans révolte bruyante : « Ô triste, triste était mon âme/À cause, à cause d'une femme » (VII). Le mode mineur l'emporte.

2 • Section II : *Paysages belges* (p. 127)

• Cinq poèmes s'organisant en quatrains de :
– 4 syllabes (« Walcourt », p. 127 et « Charleroi », p. 129) ;
– 7 syllabes (« Bruxelles. Simples fresques », p. 132) ;
– 9 syllabes (« Bruxelles. Chevaux de bois », p. 134) ;

• Le poème « Malines » (p. 136) est composé en quintils de 8 syllabes.

Retraçant le périple de Verlaine et de Rimbaud, ces « paysages » privilégient l'élément pictural. Ce sont les impressions d'un voyage effectué en chemin de fer, toutes marquées par la joie enthousiaste de la fugue amoureuse et la découverte, étonnée ou inquiète, d'un ailleurs étranger.

3. Section III : *Birds in the night* (Oiseaux dans la nuit) (p. 137)

• Long poème de 21 quatrains en vers décasyllabiques (10). Cette section constitue comme une transition entre la Belgique, précédemment évoquée, et l'Angleterre, abordée dans la section suivante.

• « Je » (Verlaine) s'adresse fictivement à « Vous » (l'épouse abandonnée). « Je » se justifie en inversant les reproches que « Vous » pourrait lui faire. Leur amour n'était pas fondé sur la vérité et la sincérité. Ce n'est pas lui le fugueur, il est le « quitté » : « Vous ne m'aimiez pas, l'affaire est entendue ». « Soyez pardonnée… »

4. Section IV : *Aquarelles* (p. 141)

• Six poèmes s'organisent en :
– quatrains d'alexandrins (« *Green* », p. 141 et « *Beams* », p. 148, de 12 et 6 syllabes ; « *Child Wife* », p. 146) ;
– distiques de 8 syllabes (« *Spleen* », p. 142) ;
– monostiques de 4 syllabes puis en tercets de 8 et de 2 sizains de 8 syllabes (« *Streets* », p. 144).

• Esthétiquement, la section renoue avec la dimension picturale de *Paysages belges* (p. 127). Elle y ajoute toutefois un nuancier de couleurs plus important. Malgré les griefs formulés dans *Birds in the night* (p. 137), Verlaine reste hanté par le souvenir de la femme aimée et perdue. Le spectacle des rues et allées ne le délivre ni de sa nostalgie ni de son désespoir. Il n'est plus qu'un « poor young shepherd » (p. 147), un pauvre petit berger.

La figure du poète

UN ARTISAN MAUDIT

1 • Un exilé et un déclassé

• Dans le « Prologue » (p. 13) des *Poèmes saturniens,* Verlaine prend douloureusement acte de la déchéance du Poète. Les « temps anciens » où l'« Action » était la sœur du « Rêve » sont révolus : c'en est fini de la poésie épique qui, depuis *L'Iliade* d'Homère, animait et glorifiait les héros. « Aujourd'hui », le Poète n'est plus un acteur de l'Histoire, il n'est même plus le mage dont Hugo disait qu'il dévoilait l'avenir aux peuples (*Les Rayons et les Ombres,* 1840, « Fonction du poète »). En cette seconde moitié du XIXe siècle, les Poètes sont bannis de la scène de l'Histoire :

> Le monde, que troublait leur parole profonde,
> Les exile. À leur tour ils excluent le monde !
>
> *Poèmes saturniens,* « Prologue », p. 16, v. 77-78.

• Parallèlement, l'affairisme jouisseur de la Restauration puis du Second Empire les déclasse. Incarnation d'une bourgeoisie timorée et satisfaite d'elle-même, « monsieur Prudhomme » méprise ces « faiseurs de vers, ces vauriens, ces maroufles, ces fainéants barbus, mal peignés ».

2 • Un amoureux du Beau

• Tout miséreux et condamné à la solitude qu'il est, le poète n'en est pas moins un personnage presque sacré : ses « prunelles » reflètent « le rayonnement des choses éternelles ».

> Le Poète, l'amour du Beau, voilà sa foi,
> L'Azur, son étendard, et l'Idéal, sa loi !
>
> *Poèmes saturniens,* « Prologue », p. 16, v. 83-84.

• Il est en quête de la Perfection, du chef-d'œuvre absolu, dans l'espoir que « L'Aube-Postérité, fille des Temps moroses » fasse « dans l'air futur retentir » son nom (« Épilogue », p. 78). Son exil – solitude forcée – se change dès lors en retraite – solitude heureuse – qui lui permet de se tenir à l'écart des « besognes vulgaires » et des « vanités plates » pour se consacrer exclusivement à l' « Art ».

3 • Un artisan-ciseleur

• Cet amour du Beau possède sa contrepartie exigeante, voire sacrificielle. Rejetant l'Inspiration pour ses facilités sentimentales, le Poète ne croit qu'au travail. S'il lui arrive de faire des « vers émus », c'est « très froidement ». L'Impassibilité est désormais de rigueur. Ce n'est qu'au prix d'un « effort inouï », d'une « étude sans trêve », d'une « science conquise » même sur le sommeil qu'il élabore l'« Œuvre ». Rompant avec toute la tradition romantique, la Poésie devient affaire de technique et d'écriture, et le Poète un artisan choisissant avec soin mots, rythmes et rimes :

> Nous donc, sculptons avec le ciseau des Pensées
> Le bloc vierge du Beau, Paros immaculé.
>
> *Poèmes saturniens*, « Épilogue », p. 81, v. 73-74.

UN ÊTRE DE CHAIR ET D'ESPRIT INQUIET

1 • Un tempérament rêveur

• Dès les *Poèmes saturniens* s'affirment ses tendances à la rêverie : « Tout enfant, j'allais rêvant Ko-Hinnor » (« Résignation », p. 19). Plusieurs poèmes du recueil portent à cet égard des titres significatifs : « Mon rêve familier » (p. 24), « Cauchemar » (p. 28).

• Les *Fêtes galantes* accentuent ce penchant. Tantôt le Poète aime s'évader dans les temps légendaires d'une « Nuit du Walpurgis classique » (p. 37) ; tantôt il ressuscite des êtres irréels tels que Colombine, Pierrot ou Arlequin, issus de la comédie italienne.

• *Romances sans paroles* transportent dans un ailleurs, géographiquement plus concret (toute la section des *Paysages belges*, p. 127), mais propice au rêve. Le voici triste : « Le vent profond/Pleure, on veut croire » (« Charleroi », p. 129) ; le voici, à l'inverse, joyeux et lyrique : « Ô les charmants/Petits asiles/Pour les amants ! (« Walcourt », p. 127).

2 • Une sensualité frémissante

• Les jeux de la galanterie et les ébats amoureux traversent les trois recueils. C'est l'évocation nostalgique des « premières maîtresses » et de leur « spontanéité craintive des caresses » (*Poèmes saturniens*, « Vœu », p. 22). Les *Fêtes galantes* célèbrent comme il se doit un libertinage où « les amants lutinent les amantes » (« À la promenade », p. 90). *Romances sans paroles* retracent un voyage tout autant spatial que passionnel :

C'est l'extase amoureuse,
C'est la fatigue amoureuse,

Romances sans paroles, « Ariettes oubliées », I, p. 115, v. 1-2.

• Dans *Birds in the night* (p. 137), Verlaine se souvient de sa jeune épouse et de leurs étreintes alors heureuses :

[...] ô corps léger que l'amour emporte,
Vous bondîtes nue, éplorée et gaie. (v. 51-52)

• Sensuel, le Poète n'a pas de mal à deviner le désir des autres et leurs pensées secrètes, comme ces « ingénues » qui, sous leur sage apparence, se savent déjà « les amantes futures des libertins » et en ont le cœur qui bat plus violemment (*Poèmes saturniens*, « La Chanson des Ingénues », p. 46).

3 • Une sensibilité inquiète

• Ces jeux amoureux ne rendent pas pour autant le Poète heureux. Ils ne sont que vanités et apparences. Ces fêtes galantes n'ont rien de joyeux. Elles débutent sous une pâleur lunaire qui leur confère un aspect irréel et fantomatique ; elles s'achèvent sur un « colloque sentimental », qui est un adieu aux amours défuntes. Cet adieu n'inaugure pas davantage une nouvelle vie.

• Le Poète demeure prisonnier de sa mémoire : « Souvenir, souvenir, que me veux-tu ? » (*Poèmes saturniens*, « *Nevermore* », p. 20). La nostalgie l'étreint sans cesse (« Après trois ans », p. 21). *Birds in the night* (p. 137) est une hésitation du cœur et de la mémoire entre ce qui fut (« Je vous vois encor »), ce qui aurait pu être (« car je vous aimais ») et ce qui a *réellement* été : « Vous ne m'aimiez pas, l'affaire est conclue ».

UN ÊTRE EN CRISE

1 • Une incompréhension de soi

• Cette sensibilité douloureuse rend le Poète comme étranger à lui-même : il ne se comprend plus. S'il « pleure » dans « Chanson d'automne » (p. 40) au souvenir des « jours anciens », c'est « sans raison » qu'« il pleure dans [son] cœur » :

C'est bien la pire peine
De ne savoir pourquoi
Sans amour et sans haine
Mon cœur a tant de peine !

Romances sans paroles, III, p. 118, v. 13-16.

• Même au sein de « l'extase amoureuse », il s'interroge sur « cette âme qui se lamente » (« Ariettes oubliées », I, p. 115). Son Moi devient indécis :

> Mon âme dit à mon cœur : Sais-je
> Moi-même, que nous veut ce piège
>
> D'être présents bien qu'exilés,
> Encore que loin en allés ?
>
> *Romances sans paroles*, « Ariettes oubliées », VII, p. 123, v. 13-16.

2 • Une perte du sentiment de soi

• Cette incompréhension de soi se change progressivement en perte du sentiment de soi, en perte de sa propre réalité. Le monde se colore d'irréalité et d'évanescence. Le réel perd toute stabilité : « Le ciel si pâle et les arbres si grêles/Semblent sourire à nos costumes clairs » (*Fêtes galantes*, « À la promenade », p. 90). Ce flou, cette possibilité que ce soit cela et en même temps autre chose, imprègnent tout le recueil de *Romances sans paroles* : « Tu dirais… » ; « Je devine… » ; « Qu'as-tu voulu, fin refrain incertain » ; « On croirait voir vivre… ». Rien n'est certain ni sûr, tout est possible ou rêvé.

• Souvent les paysages traduisent un état d'âme : « Dans l'interminable/Ennui de la plaine » (*Romances sans paroles*, VIII, p. 124) ; « Une aube affaiblie/Verse par les champs/La mélancolie/Des soleils couchants » (*Poèmes saturniens*, « Paysages tristes », I, p. 34). À l'inverse, l'âme devient paysage : « Votre âme est un paysage choisi » *(Fêtes galantes*, « Clair de lune », p. 85).

3 • Un gouffre intérieur

S'en allant « au vent mauvais » qui l'emporte « pareil à la feuille morte », le Poète n'a dès lors plus aucune certitude à laquelle se raccrocher. Dieu ? Il l'abjure » et le « renie » (*Poèmes saturniens*, « L'Angoisse », p. 26). L'amour ? Il est « par terre », à l'image de cette statue de Cupidon qu'un coup de vent a fait tomber et a brisée. La Nature ? Elle ne l'émeut plus. Toutes ses « espérances sont noyées ». Reste la Poésie, mais seulement en « mode mineur ». Baudelaire souhaitait aller même « au fond de l'Inconnu pour trouver du *nouveau* ». Chez Verlaine, le gouffre est en lui. Sa poésie est exploration de ses abîmes intérieurs.

Poésie et musique

Verlaine ne dissocie pas la poésie de la musique : « De la musique avant toute chose », soutient-il d'ailleurs dans son « Art poétique » *(Jadis et naguère, 1884). C'est moins affaire de thèmes élégiaques ou mélancoliques que de travail sur la langue et la versification.*

LA CHANSON GRISE DE LA POÉSIE

• Tout dans sa poésie témoigne de ses préoccupations musicales : le titre même de *Romances sans paroles*, l'intitulé de la section *Ariettes oubliées* (p. 115), des poèmes qui se présentent comme des chansons (« Chanson d'automne », p. 40, « La Chanson des Ingénues », p. 46 dans les *Poèmes saturniens)*, les références fréquentes aux instruments de musique (la mandoline, le piano), les notes de musique qui deviennent vers (« Do, mi, sol, mi, fa » dans « Colombine », *Fêtes galantes*, p. 107*)*. Cette musique, Verlaine la compose sur le « mode mineur » (*Fêtes galantes*, « Clair de lune », p. 85). La légèreté et la douceur, rappelée en exergue des ariettes III et IV, en sont les principales caractéristiques. C'est une « chanson grise » dont il dit de nouveau dans son « Art poétique » que rien ne lui est « plus cher ».

1 • Une gamme de motifs sonores

Verlaine crée des effets musicaux en recourant à de nombreux procédés stylistiques.

• **Le refrain,** présent notamment dans *Romances sans paroles,* se présente sous la forme tantôt d'un couplet (« *A Poor Young Shepherd* », p. 147), tantôt d'un distique (« Ariettes oubliées », VII, p. 123) ou même d'un seul vers (« Aquarelles », « *Streets* », p. 144).

• **Le retour d'un même motif sonore** provient de la répétition d'un mot : « Ô triste, triste était mon âme » (« *Ariettes oubliées* », VII, p. 123) ; du rapprochement de termes de même sonorité : « Dans ce cœur qui s'écœure » (« *Ariettes oubliées* », III, p. 118), « masques et bergamasques » : (*Fêtes galantes*, « Clair de lune », p. 85).

• **Les allitérations**, répétitions d'un même phonème consonantique, soulignent l'importance d'un mot ou d'une expression – comme dans « *Green* » (p. 141), poème de l'offrande : « Voici des fruits, des fleurs, des feuilles et des branches »).

• **Les assonances** : se combinant souvent avec les allitérations, elles consistent en la répétition d'une même voyelle : « Quoi bruissait comme des sistres » (« Charleroi », p. 129) ; « Tournez souvent et tournez toujours » (« Bruxelles. Chevaux de bois », p. 134).

2 • Les registres de la voix

• De nombreux poèmes font entendre une voix, laquelle s'exprime sur des tons variés. C'est une conversation enjouée, espiègle dans « Sur l'herbe » ou « Les Indolents » (*Fêtes galantes*, p. 88 et 106). Le plus souvent toutefois ces voix s'entretiennent à mi-voix, sans le moindre éclat, entre chuchotement et murmure. Dès les *Poèmes saturniens*, la femme idéale et inaccessible a « l'inflexion des voix chères qui se sont tues » (« Mon rêve familier », p. 24). La première « Ariette » évoque « le chœur des petites voix », qui « gazouille et susurre ». « Colloque sentimental » rapporte le dialogue de deux anciens amants :

Leurs yeux sont morts et leurs lèvres sont molles,
Et l'on entend à peine leurs paroles.

Fêtes galantes, p. 111, v. 3-4.

• L'un des derniers poèmes des *Fêtes galantes* s'intitule significativement « En sourdine » (p. 110) : il s'agit toujours de la recherche d'une harmonie mélodieuse et douce. *Romances sans paroles* affaiblit enfin la voix, sans toutefois la réduire complètement au silence : disant moins qu'elle ne suggère, elle frôle le non-dit.

3 • Un vers plus souple

• Verlaine n'hésite pas en même temps à rompre avec les pratiques traditionnelles de la versification :

Prends l'éloquence et tords-lui le cou.

Jadis et naguère, « Art poétique », XIII.

• L'éloquence ne saurait en effet convenir à l'expression de la mélancolie ou au chuchotement de confidences. Trop majestueux, trop lié à la poésie épique, l'alexandrin disparaît au profit des vers impairs, plus souples et plus propices aux scènes intimistes (→ FICHE 1, p. 177) :

Et pour cela préfère l'Impair
Plus vague et plus soluble dans l'air,
Sans rien en lui qui pèse ou qui pose.

Jadis et naguère, « Art poétique », XIII.

• Pour éviter ce que la « chanson grise » de sa poésie pourrait avoir de fade ou de langoureux, Verlaine multiplie les enjambements externes et les rejets, qui brisent le rythme. L'enjambement fait déborder un groupe syntaxique d'un vers sur un autre, par exemple :

Celui-ci contrefait la grâce
De ton oreille [...]

Fêtes galantes, « Les Coquillages », p. 94, v. 10-11.

• Variante de l'enjambement, le rejet reporte un élément verbal (et non plus syntaxique) sur le vers suivant :

La neige incertaine
Luit comme du sable.

Romances sans paroles, « Ariettes oubliées », VIII, p. 124, v. 3-4.

4 • Un « accord discord »

• L'expression figure dans un poème, tardif, de Verlaine dans lequel celui-ci se pastiche (« À la manière de Verlaine », 1881). Mais dès le recueil des *Poèmes saturniens*, il évoquait ces « accords/Harmonieusement dissonants dans l'ivresse » (« Nuit du Walpurgis classique », p. 37).

• Cette dissonance surgit dans l'apparition d'une fausse note – comme dans « Sérénade » qui, au lieu d'un chant mélodieux, fait entendre une « voix aigre et fausse ». Dans « Nocturne parisien » (p. 62), vole une « chauve-souris sombre » :

Tout bruit s'apaise autour. À peine un vague son
Dit que la ville est là qui chante sa chanson,

Et voici que joue soudain un « orgue de barbarie » :

C'est écorché, c'est faux, c'est horrible, c'est dur.

Poèmes saturniens, p. 64, v. 51-54 et v. 63.

• Dans « Fantoches » (*Fêtes galantes*, p. 98), « un langoureux rossignol/clame la détresse à tue-tête. » L'« Ariette », VIII (p. 124) évoque une « corneille poussive » et des « bises aigres ».

• Ces dissonances qui brisent la mélodie verlainienne expriment l'impossible harmonie du Poète et du monde ainsi que les illusions de la passion. C'est l'insupportable retour du rêve au réel, tel qu'il est, sec et sans grâce.

5 • Verlaine et les musiciens

• Aussi n'est-il pas étonnant que, poète musicien, Verlaine ait inspiré et inspire encore de nos jours de nombreux compositeurs. Il a d'ailleurs pour amis les musiciens Emmanuel Chabrier (1841-1894) et Charles de Sivry (1848-1900), tous deux grands admirateurs de Wagner.

• Dans *Poèmes saturniens*, ce sont surtout « Soleil couchants » (p. 34) et « Chanson d'automne » (p. 40), qui ont retenu leur attention. Claude Debussy (1862-1918), Maurice Ravel (1875-1937) et Gabriel Fauré (1845-1924) ont chacun mis en musique « Colloque sentimental » (p. 111), « Mandoline » (p. 102) et « En sourdine » (p. 110) des *Fêtes galantes*. En 1914, Debussy envisageait même de composer un opéra-ballet d'après le recueil.

• La quasi-totalité des *Romances sans paroles* a suscité des compositions musicales. Les plus grands artistes de la chanson – Charles Trenet (1913-2001), Georges Brassens (1921-1981), Léo Ferré (1916-1993) ou encore Serge Gainsbourg (1928-1991) – ont notamment interprété « Mon rêve familier » (p. 24), « Chanson d'automne » (p. 40), « Soleils couchants » (p. 34), « Sérénade » (p. 55) et « Clair de lune » (p. 85). Le contre-ténor Philippe Jaroussky (né en 1978) consacre tout un CD, sorti en février 2015, aux poésies de Verlaine. Il est vrai que les vers de ces poèmes restent une réussite musicale exceptionnelle dans l'histoire de la poésie française :

Je devine, à travers un murmure,
Le contour subtil des voix anciennes
Et dans les lueurs musiciennes,
Amour pâle, une aurore future !

Romances sans paroles, « Ariettes oubliées »,
II, p. 117, v. 1-4.

L'impressionnisme verlainien

Dès 1869, quelques artistes (dont Auguste Renoir et Claude Monet) travaillent sur de nouvelles manières de peindre. En naîtra l'impressionnisme à partir des années 1874, que le public découvrira lors de grandes et mouvementées expositions publiques.
En rupture totale avec l'art académique traditionnel, ce mouvement pictural privilégie la perception de la nature sur sa reproduction objective, la vision que le peintre en a, plutôt que sa photographie.
1874, c'est aussi la date de publication de Romances sans paroles. *Sans qu'il y ait eu d'influence directe et consciente des impressionnistes sur Verlaine, ces peintres et le poète, qui ont des sensibilités voisines, partagent quelques préoccupations esthétiques. C'est en ce sens que l'on peut parler d'une poésie impressionniste de Verlaine.*

UNE POÉSIE IMPRESSIONNISTE

1 • Une poésie de plein air et de la vie quotidienne

• À l'instar des Impressionnistes, qui sont les premiers à peindre en extérieur, nombre de poèmes de Verlaine ont la **nature pour cadre**. Les *Poèmes saturniens* comportent une « Marine » (p. 30), une section entière de « Paysages tristes », un « Effet de nuit » (p. 31). La nature est inhérente à la notion même de « fêtes galantes » qui, depuis Watteau, se déroulent dans des parcs.

• *Romances sans paroles* comportent également des sections aux titres significatifs : « Paysages belges » (p. 127), « Aquarelles » (p. 141). À l'opposé des motifs de la poésie épique, les sujets en sont souvent simples : une « allée », une « promenade », une chanson populaire, une extase amoureuse, une rue, un rêve. Ce sont même parfois des **scènes de la vie quotidienne**, comme dans les deux poèmes consacrés à Bruxelles.

• Comme Auguste Renoir peignant « Le Déjeuner des canotiers » (1881) ou Claude Monet présentant, dans une exposition de 1877, douze versions de « La Gare Saint-Lazare » (à des moments différents de son activité), Verlaine évoque les tavernes et « guinguettes » belges, les gares de Bruxelles et de Malines, la sinistre cité minière de Charleroi.

• Tant chez les peintres que chez Verlaine, l'extérieur appelle, fût-ce brièvement, la **modernité**. Sauf dans quelques « poèmes saturniens », et de jeunesse, Verlaine tourne ainsi délibérément le dos aux sujets mythologiques et allégoriques.

2 • Le primat des sensations et des impressions

• Le recueil des *Fêtes galantes* et, plus encore, celui de *Romances sans paroles*, donnent la **priorité aux sens et aux états d'âme**. Le bref poème « En bateau » (p. 100) convoque ainsi en quinze vers la vue, l'ouïe, le toucher ; dans ce simple quatrain de « Charleroi » (p. 129), en vers de quatre syllabes, sont tour à tour sollicités l'odorat, l'ouïe, le toucher et la vue :

Quoi donc se sent ?
L'avoine siffle.
Un buisson gifle
L'œil au passant. (v. 5-8)

Romances sans paroles, p. 129, v. 5-8.

• Les paysages, quant à eux, fondent dans un même mouvement leur description, les sentiments qu'ils suggèrent et les impressions du poète. Le premier poème des *Fêtes galantes* confond paysage et état d'âme : « Votre âme est un paysage choisi » (« Clair de lune », p. 85). Le spleen, ce **désarroi de l'âme**, se lit « dans l'interminable ennui de la plaine » où « la neige incertaine luit comme du sable ». La troisième Ariette établit une stricte équivalence entre l'intériorité et l'extériorité :

Il pleure dans mon cœur
Comme il pleut sur la ville ;

Romances sans paroles, III, p. 118, v. 1-2.

• « Paysages belges » (p. 127), les quatre quatrains de « Walcourt » ne sont qu'une succession d'images, enregistrées par l'œil d'un voyageur, et des **rêveries** que celles-ci suscitent dans son esprit :

Houblons et vignes
Feuilles et fleurs,
Tentes insignes
Des francs buveurs !

Romances sans paroles, p. 127, v. 5-8.

• Exprimées nominalement (sans recours grammaticaux à des déterminants ou des verbes), ces notations sont saisies à l'état brut, dans leur immédiateté.

3 • Les jeux de lumière et de couleurs

• Si l'impressionnisme pictural est une fête des couleurs (chez Monet par exemple), Verlaine opte de préférence pour des **demi-teintes**.

Car nous voulons la Nuance encor,
Pas la Couleur, rien que la nuance !
Oh ! la nuance seule fiance
Le rêve au rêve et la flûte au cor !

Jadis et naguère, « Art poétique », XIII.

• À « l'aube affaiblie » (« Soleils couchants », p. 34) correspond le « ciel blafard » d'« Effet de nuit » ou les nuages « cuivreux et roux » de « Nocturne parisien » (*Poèmes saturniens*, p. 31 et 62). Des danseurs évoluent sous une « lune rose et grise » (« Mandoline », p. 102). L'« étoile du berger tremblote » dans « En bateau » (*Fêtes galantes*, p. 100). Dans « Ariettes oubliées, VI » :

La Lune à l'écrivain public
Dispense sa lumière obscure

Romances sans paroles, p. 121, v. 5-6.

• Dans « Bruxelles. Simples fresques » (p. 132), c'est « un demi-jour de lampes ». **Aube et crépuscule** sont les moments verlainiens par excellence, où rien n'est encore net. C'est le temps des **incertitudes**, des **souvenirs**, de possibles **renaissances**. Vives, éclatantes, les couleurs évoquent à l'inverse l'inquiétude – comme si c'était trop beau pour être vrai ou durable :

Le ciel était trop bleu, trop tendre,
La mer trop verte et l'air trop doux.

Je crains toujours, – ce qu'est d'attendre ! –
Quelque fuite atroce de vous.

Romances sans paroles, Aquarelles. « *Spleen* », p. 142, v. 5-8).

4 • L'estompage des contours

• Les formes perdent du même coup leur netteté : elles se dissolvent, se mêlent ou se fondent les unes dans les autres. Jamais une maison, un arbre, un objet, un nuage n'ont de contours précis, fermement dessinés. Tout est **flottant, mouvant.**

C'est des beaux yeux derrière des voiles,
C'est le grand jour tremblant de midi,
C'est, par un ciel d'automne attiédi,
Le bleu fouillis des claires étoiles !

Jadis et naguère, « Art poétique », XIII.

• C'est « l'ombre des arbres dans la rivière embrumée » qui « meurt comme de la fumée » (« Ariettes oubliées », IX, p. 125). Le paysage s'amenuise tant qu'il en perd parfois toute réalité :

Le ciel si pâle et les arbres si grêles
Semblent sourire à nos costumes clairs

Fêtes galantes, « À la promenade », p. 90, v. 1-2.

• Sous la pâleur lunaire, celui-ci peut même s'apparenter à des **hallucinations**, comme dans ce quatrain de « Ariettes oubliées, VIII » :

Comme des nuées
Flottent gris les chênes
Des forêts prochaines
Parmi les buées.

Romances sans paroles, p. 124, v. 9-12.

• Typique de l'impressionnisme pictural, cet estompage des contours accompagne et favorise le **mystère** et, plus souvent, la **mélancolie**. Il est l'expression d'un Moi tout à la fois incapable de se saisir et de s'accorder au monde tel qu'il est.

POÉTIQUE DE L'AUTOMNE

Depuis l'Antiquité, les saisons sont une des sources de l'inspiration poétique. Les romantiques les ont à leur tour orchestrées, en privilégiant toutefois l'automne, dans lequel ils voient une image du déclin. L'automne est tout à la fois un thème ornemental, une variation musicale et une réflexion philosophique.

DOCUMENT 1

ALPHONSE de LAMARTINE ♦ *Méditations poétiques*, 1820, « L'Automne »

Les Méditations poétiques *de Lamartine connaissent dès leur publication un succès foudroyant. Elles sont l'acte de naissance de la poésie romantique. Pour la première fois s'y exprimaient les angoisses d'un Moi. Elles contribuaient aussi à l'élaboration d'une posture, dans laquelle se plairont par la suite nombre de romantiques. Quand il les publie, Lamartine a 30 ans. Il lui reste 49 ans à vivre...*

Salut, bois couronnés d'un reste de verdure !
Feuillages jaunissants sur les gazons épars !
Salut, derniers beaux jours ! le deuil de la nature
Convient à la douleur et plaît à mes regards.

Je suis d'un pas rêveur le sentier solitaire ;
J'aime à revoir encor, pour la dernière fois,
Ce soleil pâlissant, dont la faible lumière
Perce à peine à mes pieds l'obscurité des bois.

Oui, dans ces jours d'automne où la nature expire,
À ses regards voilés je trouve plus d'attraits ;
C'est l'adieu d'un ami, c'est le dernier sourire
Des lèvres que la mort va fermer pour jamais.

Ainsi, prêt à quitter l'horizon de la vie,
Pleurant de mes longs jours l'espoir évanoui[1] !
Je me retourne encore, et d'un regard d'envie
Je contemple ses biens dont je n'ai pas joui.

1. **Espoir évanoui** : cet espoir est de vivre encore longtemps.

Terre, soleil, vallons, belle et douce nature,
Je vous dois une larme au bord de mon tombeau !
L'air est si parfumé ! la lumière est si pure !
Aux regards d'un mourant le soleil est si beau !

Je voudrais maintenant vider jusqu'à la lie
Ce calice mêlé de nectar et de fiel :
Au fond de cette coupe où je buvais la vie,
Peut-être restait-il une goutte de miel !

Peut-être l'avenir me gardait-il encore
Un retour de bonheur dont l'espoir est perdu !
Peut-être, dans la foule, une âme que j'ignore
Aurait compris mon âme, et m'aurait répondu !...

La fleur en livrant ses parfums au zéphyre[1] ;
À la vie, au soleil, ce sont là ses adieux :
Moi, je meurs ; et mon âme, au moment qu'elle expire,
S'exhale comme un son triste et mélodieux.

DOCUMENT 2

VICTOR HUGO, *Les Orientales*, 1829, « Novembre »

Le romantisme a toujours eu une prédilection pour le pittoresque et l'exotisme. Jeune poète de 27 ans, Hugo en partage les goûts ; d'où le titre de son recueil. Mais c'est de Paris qu'il « rêve d'Asie » ! Son évocation de l'automne vaut par sa musicalité élégiaque et l'art très pictural de ses descriptions.

Quand l'Automne, abrégeant les jours qu'elle dévore,
Éteint leurs soirs de flamme et glace leur aurore,
Quand Novembre de brume inonde le ciel bleu,
Que le bois tourbillonne et qu'il neige des feuilles,
Ô ma muse ! en mon âme alors tu te recueilles,
Comme un enfant transi qui s'approche du feu.

1. **Zéphyre** : Vent doux et léger.

Devant le sombre hiver de Paris qui bourdonne,
Ton soleil d'orient s'éclipse, et t'abandonne,
Ton beau rêve d'Asie avorte, et tu ne vois
Sous tes yeux que la rue au bruit accoutumée,
Brouillard à ta fenêtre, et longs flots de fumée
Qui baignent en fuyant l'angle noirci des toits.

DOCUMENT 3

CHARLES BAUDELAIRE, *Les Fleurs du mal*, 1857, *Spleen et idéal*, LVI, « Chant d'automne »

Chez Baudelaire, l'automne devient un chant funèbre et un état d'âme, moins propice à la mélancolie qu'au spleen.

Bientôt nous plongerons dans les froides ténèbres;
Adieu, vive clarté de nos étés trop courts!
J'entends déjà tomber avec des chocs funèbres
Le bois retentissant sur le pavé des cours.

Tout l'hiver va rentrer dans mon être: colère,
Haine, frissons, horreur, labeur dur et forcé,
Et, comme le soleil dans son enfer polaire,
Mon cœur ne sera plus qu'un bloc rouge et glacé.

J'écoute en frémissant chaque bûche qui tombe;
L'échafaud qu'on bâtit n'a pas d'écho plus sourd.
Mon esprit est pareil à la tour qui succombe
Sous les coups du bélier infatigable et lourd.

Il me semble, bercé par ce choc monotone,
Qu'on cloue en grande hâte un cercueil quelque part.
Pour qui? – C'était hier l'été; voici l'automne!
Ce bruit mystérieux sonne comme un départ.

DOCUMENT 4

PAUL VERLAINE, *Poèmes saturniens, 1866*, « Paysages tristes », V, « Chanson d'automne », (p. 40)

Ce poème est l'une des plus grandes réussites de Verlaine et l'un des plus beaux de la poésie française. Tout y est musique douce et mélancolie, errance et enfer. Ce n'est plus le paysage qui prend les couleurs de l'âme, c'est l'âme qui donne sa désespérance à l'automne.

DOCUMENT 5

ARTHUR RIMBAUD, *Une Saison en enfer*, 1873, « Adieu »

Rimbaud a 19 ans quand il publie Une Saison en enfer. *Sa liaison homosexuelle avec Verlaine en est le fondement autobiographique. Son recueil est surtout l'« adieu » à l'utopie poétique du Voyant, qui tentait de parvenir à l'inconnu par le dérèglement de tous les sens. Cet « Adieu » ne se présente pas toutefois comme définitif : il annonce une autre vie, une autre aventure et raille au passage les romantiques qui voyaient dans l'automne une image de leur mort. Chez Rimbaud, l'automne est d'abord une saison mentale.*

L'automne déjà ! – Mais pourquoi regretter un éternel soleil, si nous sommes engagés à la découverte de la clarté divine, – loin des gens qui meurent sur les saisons[1].

L'automne. Notre barque élevée dans les brumes immobiles tourne vers le port de la misère, la cité énorme au ciel taché de feu et de boue[2]. Ah ! les haillons pourris, le pain trempé de pluie, l'ivresse, les mille amours qui m'ont crucifié ! Elle ne finira donc point cette goule[3] reine de millions d'âmes et de corps morts et qui seront jugés ! Je me revois la peau rongée par la boue et la peste, des vers plein les cheveux et les aisselles et encore de plus gros vers dans le cœur, étendu parmi les inconnus sans âge, sans sentiment... J'aurais pu y mourir... L'affreuse évocation ! J'exècre la misère.

Et je redoute l'hiver parce que c'est la saison du confort !

1. Les gens qui meurent sur les saisons : les romantiques.
2. Sans doute s'agit-il de Londres, où il vécut un temps avec Verlaine.
3. Cette goule : dans la mythologie, vampire à corps de femme, représentant ici la mort.

DOCUMENT 6

GUILLAUME APOLLINAIRE, *Alcools*, 1913, « Automne »

Tableau rural et vaporeux, l'automne dénoue ici tristement des amours estivales.

Dans le brouillard s'en vont un paysan cagneux[1]
Et son bœuf lentement dans le brouillard d'automne
Qui cache les hameaux pauvres et vergogneux[2]

Et s'en allant là-bas le paysan chantonne
Une chanson d'amour et d'infidélité
Qui parle d'une bague et d'un cœur que l'on brise

Oh ! l'automne l'automne a fait mourir l'été
Dans le brouillard s'en vont deux silhouettes grises

1. **Cagneux** : qui a les genoux tournés en dedans.

2. **Vergogneux** : adjectif, inusité, du substantif « vergogne » : sans scrupule.

Nature et poésie

| SUJET D'ÉCRIT 1 |

Objet d'étude : Du romantisme au surréalisme « Écriture poétique et quête de sens »

DOCUMENTS *(Les documents figurent dans l'ouvrage.)*

- **HUGO,** ***Les Orientales*** (1829), « Novembre » → DOC. 2, p. 194
- **VERLAINE,** ***Poèmes saturniens*** (1866), « Chanson d'automne » → DOC. 4, p. 40
- **APOLLINAIRE,** ***Alcools*** (1913), « Automne » → DOC. 6, p. 197

QUESTIONS SUR LE CORPUS

1 Quels sentiments éprouve le poète dans chacun des trois textes ?

2 Comment l'automne est-il décrit dans chacun de ces textes ?

TRAVAUX D'ÉCRITURE

Commentaire (séries générales)

Vous ferez le commentaire du poème de Verlaine « Chanson d'automne » (DOC. 4).

Commentaire (séries technologiques)

Vous ferez le commentaire du poème de Victor Hugo, « Novembre » (DOC. 2), en vous aidant des pistes de lecture suivantes :
– vous montrerez que l'automne est pour Hugo une saison de transition, annonciatrice d'un repli sur soi ;
– vous préciserez le registre sur lequel le poète s'exprime.

Dissertation

Pensez-vous que la mélancolie ou la tristesse favorise la création poétique et, plus largement, artistique ?
Vous répondrez à cette question de façon organisée en vous appuyant sur des exemples précis.

Sujet d'invention

Composez en prose un hymne à la gloire de l'automne.

De symbole en symbole | SUJET D'ÉCRIT 2 |

Objet d'étude : Du romantisme au surréalisme « Écriture poétique et quête de sens »

DOCUMENTS *(Les documents figurent dans la partie Anthologie de l'ouvrage.)*

- **MALLARMÉ, *Poésies*** (1887), « Le vierge, le vivace... » → DOC. 1, p. 153
- **ELSKAMP, *Enluminures*** (1898), « Puis violon haussé d'un ton... » → DOC. 8, p. 163
- **MAETERLINCK, *Serres chaudes*** (1889), « Et s'il revenait un jour... » → DOC. 10, p. 166

QUESTIONS SUR LE CORPUS

1 Quelle forme chacun de ces poèmes revêt-il ?

2 De quoi, chacun à leur manière, sont-ils le symbole ?

TRAVAUX D'ÉCRITURE

Commentaire (séries générales)

Vous ferez le commentaire du poème de Mallarmé « Le vierge, le vivace... » (DOC. 1)

Commentaire (séries technologiques)

Vous ferez le commentaire du poème de Maeterlinck « Et s'il revenait un jour... » (DOC. 10) en vous aidant des pistes de lecture suivantes :
– vous en analyserez l'aspect mystérieux ;
– vous montrerez qu'il s'agit d'une chanson triste.

Dissertation

Quels avantages et quels inconvénients présente selon vous l'utilisation des symboles ?
Vous répondrez à cette question de façon organisée en vous appuyant sur des exemples précis.

Sujet d'invention

Rédigez un texte énigmatique ou mystérieux.

Une femme idéale et mystérieuse

| SUJET D'ORAL 1 |

• **VERLAINE,** *Poèmes saturniens,* « Mon rêve familier » —> p. 24

PROBLÉMATIQUE

Le Poète évoque la femme idéale qui, seule, peut le comprendre. Mais celle-ci est un rêve, dont l'existence devient de strophe en strophe de plus en plus improbable.

ORGANISATION DU POÈME

De structure classique, ce sonnet déstructure l'alexandrin en en brisant le rythme traditionnel (6 + 6).

Le premier quatrain est bâti sur une opposition entre l'identité incertaine de la femme et la certitude de son amour.

Le second quatrain est une déploration (« hélas ») de la transparence, car celle-ci implique une totale soumission à l'autre, qui pourtant console le poète.

Le premier tercet développe une double incertitude : celle de la physionomie de la femme aimée et de l'ignorance de l'amant.

Le second tercet écarte définitivement toute description de cette femme au profit de sa caractérisation musicale, qui s'amenuise jusqu'à sa disparition. À noter le saisissant contre-rejet du vers 13.

QUESTION

Comment le jeu des pronoms personnels accentue-t-il le mystère ?

Pour vous aider à répondre

« Je », « elle », « me » ou « m' » sont des pronoms personnels définis très traditionnels : mais on ne sait qui ils désignent. Le défini renvoie ici à un indéfini. Ils mêlent ainsi le connu à l'inconnu.

COMME À L'ENTRETIEN

1 Quelles traces parnassiennes décèle-t-on dans ce poème ?

2 Comment prononcer le dernier vers ?

3 Comment s'explique le titre du recueil ?

Le temps destructeur | SUJET D'ORAL 2 |

• **VERLAINE,** *Fêtes galantes,* « Colloque sentimental » → p. 111

PROBLÉMATIQUE

Ce dernier poème du recueil assombrit l'atmosphère jusque-là légère des « fêtes galantes ». C'est un tomber de rideau, ironique et grinçant, sur les jeux de l'amour.

ORGANISATION DU POÈME

Huit distiques (groupes de deux vers) composent le poème. Ces distiques soulignent l'ironie du titre. D'une part ce « colloque » n'est qu'une simple conversation entre deux personnes ; d'autre part, il n'a plus rien de « sentimental ». Tout s'efface progressivement : les amants deviennent des « formes » puis des « spectres ». Les souvenirs s'estompent. Les voix s'évanouissent enfin.

QUESTION

Comment le dialogue des deux amants accentue-t-il la mort du sentiment amoureux ?

Pour vous aider à répondre

Ce dialogue souligne l'incompréhension des deux amants. L'un ne comprend plus l'autre, et s'étonne même d'entendre parler d'une ancienne passion, comme s'il ne l'avait jamais éprouvée.

COMME À L'ENTRETIEN

1 Comment sont dépeints les deux promeneurs ?

2 Pourquoi est-il d'emblée précisé que le « vieux parc » est « solitaire et glacé » ?

3 Quand se déroule ce « colloque » ? Pourquoi ce choix ?

Musique et mal-être | SUJET D'ORAL 3 |

• **VERLAINE,** *Romances sans paroles*, Ariettes oubliées, « Il pleure dans mon cœur… » → p. 118

PROBLÉMATIQUE

Ce poème est emblématique de la poésie de Verlaine et de son Moi. « De la musique avant toute chose », proclame celui-ci dans son « Art poétique ». En voici une illustration. Seule la musique permet au poète d'atteindre au plus profond de son être.

ORGANISATION DU POÈME

Composé de quatre quatrains hexasyllabiques, le poème est bâti sur la correspondance entre « Il pleure » et « il pleut », entre la pluie et les larmes. Il évoque l'infinie mélancolie qui saisit le Poète et qui lui paraît incompréhensible, injustifiée. À l'interrogation du premier quatrain (« Quelle est cette langueur… ») succède l'étonnement du troisième quatrain (« Quoi ! nulle trahison !). Toute analyse psychologique étant ainsi rejetée, il ne reste que l'insondable peine d'en ignorer la raison. Le poème tout entier vaut par son aspect musical.

QUESTION

Pourquoi Verlaine est-il qualifié de poète musicien ?

Pour vous aider à répondre

Tout le poème est une mélodie douce : rythmes lents et réguliers ; sonorités assourdies, rimes intérieures et parallélismes des formules (« Il pleure dans mon cœur/Il pleure sans raison »).

COMME À L'ENTRETIEN

1 Commentez le groupe verbal : « il pleure ».

2 Qu'est-ce qu'une « ariette » ?

3 En quoi ce poème est-il une « romance sans paroles » ?

La prière amoureuse | SUJET D'ORAL 4 |

• **VERLAINE,** *Romances sans paroles,* « *Green* » → p. 141

PROBLÉMATIQUE

Le poème possède une double caractéristique : il chante l'entente amoureuse ; et, littérairement, il renoue avec la poésie lyrique courtoise (du XVIe siècle), avec quelque ironie toutefois.

ORGANISATION DU POÈME

Le poème se compose de trois quatrains en alexandrins. Il se présente comme une double offrande que souligne la reprise de « voici ».

Le deuxième quatrain explicite la raison de l'offrande florale : être accueilli par l'aimée. Le troisième quatrain témoigne de l'aspiration profonde de l'amant : connaître enfin la paix après « l'extase amoureuse ».

QUESTION

Quels sont les principaux effets sonores de ce poème ?

Pour vous aider à répondre

Le premier vers est construit sur un jeu de consonances ; « Voici des fruits, des fleurs, des feuilles et des branches ». Le vers 10 multiplie, lui, les assonances (retours de mêmes voyelles). Voir enfin les rimes, dont la plus significative est « tête/tempête ».

COMME À L'ENTRETIEN

1 Comment est représentée la femme, à qui s'adresse le poète ?

2 Comment s'explique le titre anglais du poème ?

3 En quoi ce poème peut-il faire songer à une « aquarelle » ?

Une fête galante chez Watteau

| LECTURE 1 |

La « fête galante » est un genre pictural particulier, dont Watteau fut le maître incontesté. Bien avant Verlaine, Watteau dépeint les jeux amoureux d'une société aristocratique dans des parcs mystérieux. Depuis l'Antiquité, Cythère est l'île d'Aphrodite, déesse de l'amour.

DOCUMENT 1

• **ANTOINE WATTEAU, *Pèlerinage à l'île de Cythère,*** 1717, Paris, musée du Louvre → 2e de couverture

QUESTIONS

1 Analysez la représentation de la vie galante et aristocratique.

2 Comment Watteau confère-t-il à son tableau une tonalité mélancolique ?

3 Comment expliquez-vous cette tonalité mélancolique et en quoi diffère-t-elle de celle des poèmes de Verlaine ?

Naissance de l'impressionnisme

| LECTURE 2 |

Depuis 1867, Claude Monet se consacre à la peinture dite « en plein air » (par opposition au travail en atelier). Sa toile Impression, soleil levant *(1872) en est l'exemple le plus célèbre, devenant à elle seule et en elle-même le manifeste de l'impressionnisme.*

DOCUMENT

• **CLAUDE MONET, *Impression, soleil levant,*** 1872, Paris, musée Marmottan → 3e de couverture

QUESTIONS

1 Étudiez la dilution des formes : comme est-elle obtenue ?

2 Quelles couleurs prédominent ? Comment sont-elles reproduites ?

3 En quoi ce tableau – qui donna son nom à l'impressionnisme – peut-il être considéré comme le manifeste pictural du mouvement ?

Index des poèmes

O P

R S

U V W

5 Laclos
Les Liaisons dangereuses

14 Lafayette (Mme de)
La Princesse de Clèves
La Princesse de Montpensier

70 La Fontaine
Fables VII, VIII, IX

78 Laroui
De quel amour blessé

75 Marivaux
Les Acteurs de bonne foi

46 Marivaux
L'Île des Esclaves

12 Marivaux
Le Jeu de l'amour et du hasard
L'Épreuve

30 Maupassant
Bel-Ami

52 Maupassant
Le Horla et autres
nouvelles fantastiques

18 Maupassant
Nouvelles

27 Maupassant
Pierre et Jean suivi de
trois nouvelles réalistes

40 Maupassant
Une vie et autres **récits de destins**
de femmes

48 Mérimée
Carmen
Les Âmes du purgatoire

1 Molière
Dom Juan
suivi d'une anthologie
sur **le mythe de Don Juan**

19 Molière
L'École des femmes
La Critique de l'École
des femmes

25 Molière
Le Misanthrope et autres textes
sur **l'honnête homme**

9 Molière
Le Tartuffe ou l'Imposteur
Lettre sur la comédie
de l'Imposteur

86 Montaigne
Essais
et autres textes
sur **la question de l'homme**

45 Montesquieu
Lettres persanes

81 Musset
Les Caprices de Marianne

10 Musset
Lorenzaccio et autres textes
sur **la question politique**

54 Musset
On ne badine pas avec l'amour

35 **La poésie**
française au XIX**e siècle**
(anthologie)

26 Rabelais
Pantagruel
Gargantua

31 Racine
Andromaque suivi d'une
anthologie sur **les héroïnes tragiques**

21 Racine
Bérénice

23 Racine
Britannicus

7 Racine
Phèdre

64 Rimbaud
Poésies
(Poésies - Une saison en enfer Illuminations)

37 Rostand
Cyrano de Bergerac
Lettres de Cyrano de Bergerac

79 Rotrou
Le Véritable Saint Genest

69 Shakespeare
Hamlet

72 Shakespeare
Roméo et Juliette

68 Sophocle
Œdipe roi

94 Sophocle/Pasolini
Œdipe roi
avec **20 questions traitées**

32 Stendhal
Le Rouge et le Noir

77 Trouillot
Bicentenaire

67 Verlaine
Poèmes saturniens
Fêtes galantes
Romances sans paroles
suivi d'une anthologie
sur **la poésie symboliste**

84 Vigny
Chatterton

13 Voltaire
Candide ou l'Optimisme
suivi d'une anthologie sur **le conte philosophique**

24 Voltaire
L'ingénu

56 Voltaire
Micromégas et autres contes

33 Voltaire
Zadig

63 Zola
Au Bonheur des Dames

29 Zola
L'Assommoir

85 Zola
La Bête humaine et autres textes
sur **la figure du criminel**

49 Zola
La Curée

76 Zola
La Fortune des Rougon

28 Zola
Germinal

92 Zola
Naïs Micoulin • Nantas
Jacques Damour
L'inondation
La mort d'Olivier Bécaille
suivi d'une anthologie **Du réalisme au naturalisme**

43 Zola
Thérèse Raquin
Un mariage d'amour

PAPIER À BASE DE
FIBRES CERTIFIÉES

Hatier s'engage pour l'environnement en réduisant l'empreinte carbone de ses livres.
Celle de cet exemplaire est de :
550 g éq. CO_2
Rendez-vous sur
www.hatier-durable.fr

IMPRIM'VERT

Achevé d'imprimer par Grafica Veneta à Trebaseleghe - Italie
Dépôt légal n° 99144-8/03 - Mai 2017